MMA 综合格斗 身体训练

专项突破、整体提升的运动表现方案

[美] 马丁·鲁尼（Martin Rooney）著

韩克 译

人民邮电出版社

北京

图书在版编目（CIP）数据

MMA综合格斗身体训练：专项突破、整体提升的运动表现方案 /（美）马丁·鲁尼（Martin Rooney）著；韩克译. -- 北京：人民邮电出版社，2021.9
ISBN 978-7-115-54340-0

Ⅰ. ①M… Ⅱ. ①马… ②韩… Ⅲ. ①格斗—身体训练 Ⅳ. ①G852.4

中国版本图书馆CIP数据核字（2020）第115222号

版权声明

免责声明

作者和出版商都已尽可能确保本书技术上的准确性以及合理性，并特别声明，不会承担由于使用本出版物中的材料而遭受的任何损伤所直接或间接产生的与个人或团体相关的一切责任、损失或风险。

内 容 提 要

本书对 MMA 运动中涉及的巴西柔术、泰拳、摔跤、拳击、柔道、自由搏击、桑博和空手道 8 大格斗专项的技术体系、特点与身体素质要求等基础知识进行了介绍，并采用真人示范、分步骤图解的形式，对各格斗专项的身体训练动作练习进行了展示和讲解。接着，本书对 MMA 运动员的运动营养、有氧训练、灵活性训练和同伴协助训练方法等内容进行了详细阐述并提供了相关示例，旨在帮助 MMA 运动爱好者及专业运动员通过"专项突破、整体提升"的身体训练模式，有效提升体能水平和格斗技能。

◆ 著　　　　［美］马丁·鲁尼（Martin Rooney）

　　译　　　　韩　克

　　责任编辑　刘　蕊

　　责任印制　周昇亮

◆ 人民邮电出版社出版发行　　北京市丰台区成寿寺路 11 号

　　邮编　100164　　电子邮件　315@ptpress.com.cn

　　网址　https://www.ptpress.com.cn

　　天津图文方嘉印刷有限公司印刷

◆ 开本：700×1000　1/16

　　印张：24.5　　　　　　　　2021 年 9 月第 1 版

　　字数：388 千字　　　　　　2021 年 9 月天津第 1 次印刷

　　著作权合同登记号　图字：01-2018-5220 号

定价：168.00 元

读者服务热线：**(010) 81055296**　印装质量热线：**(010) 81055316**
反盗版热线：**(010) 81055315**
广告经营许可证：**京东市监广登字 20170147 号**

目录

罗杰·格雷西(Roger Gracie)控制乔恩·奥拉夫·艾内莫（Jon Olav Einemo）以赢得阿布扎比搏击俱乐部（ADCC）世界格斗锦标赛的胜利。

序言

　　近百年来，我的家族与格斗技术有着不可分割的渊源，我的祖先将毕生精力奉献给了柔术，并将这一传统不断地传承给下一代。对我们而言，格斗并不是一种临时起意或赚钱的工作，而是一种生活方式。作为一名巴西柔术运动员，成功的压力无时无刻不伴随左右。自出生开始，我就被寄予厚望，未来要成为一名优秀的运动员。由于期望值很高、压力很大，再加上现在世界上练习巴西柔术的人比以往任何时候都多，因此，我成为冠军并不是一件容易的事。我的格斗技术训练过程分为业余和专业两个阶段。我曾与许多伟大的人物一起训练。但就对格斗技术的身体准备而言，马丁·鲁尼（Martin Rooney）让我真正认识到了业余爱好者和职业运动员之间的差异。2002 年年底，在首次参加阿布扎比搏击俱乐部（ADCC）世界格斗锦标赛之前，我开始与马丁一起训练。这是我第一次意识到，要想发挥自己的天赋，在身体上做好准备是何等重要。与马丁一起训练不仅改变了我的体格，而且提高了我的力量、速度和耐力。从那以后，我遵循他的训练方法，身体素质得到了不断的提高与改善。该训练方法及家人对格斗事业的支持，帮助我先后击败了 8个对手，赢得了 2005 年的阿布扎比搏击俱乐部世界格斗锦标赛的胜利，并在多个巴西柔术世界锦标赛上获胜，包括夺得 2009 年的冠军——那年我"横扫"了 9 个对手，摘得桂冠。

接着，我在日本迎来了新的挑战，即将巴西柔术技术应用于综合格斗领域。我立刻意识到，要想取得成功，我不仅要学习除巴西柔术以外的其他几种格斗技术，而且必须像这些领域的格斗家一样进行身体训练。这种交叉训练很难，不仅因为其涉及很多工作，还因为在此过程中没有一个可靠的信息来源能够指导我向着更好的方向努力。我相信马丁已经用他在本书中的研究和讲述的哲理、历史及训练解决了这个问题。

马丁除了是我的教练，也是我的好朋友。我了解他在您手中的这本书中所讲述的内容。马丁为完成此书，花费了差不多两年的时间环游世界。我可以肯定地说，在商店或图书馆的书架上都找不到另一本这样的书。这本书特别有趣，不仅是因为它向您传授了多种不同的格斗技术，更是因为

它向您展示了这些格斗技术在哲学、发展和训练方面的相似之处。如果您是一名格斗家，或者想要更多地了解格斗技术，那么就不可能不受益于此书。

马丁曾告诉我，如果你训练一个人，他的健康水平可能会提高，但如果你教会一个人如何训练，他会终身保持健康。就像我的家人开发并传播巴西柔术，以向世界展示其作用和规则一样，马丁已经汇集了许多格斗技术成果，以帮助您提高自己的水平。如果您认为这只是另一本"身体训练"的书，那么您只是在蜻蜓点水般地阅读。这本书的内容是专业而深刻的。

罗杰·格雷西
英国伦敦
2009 年 8 月

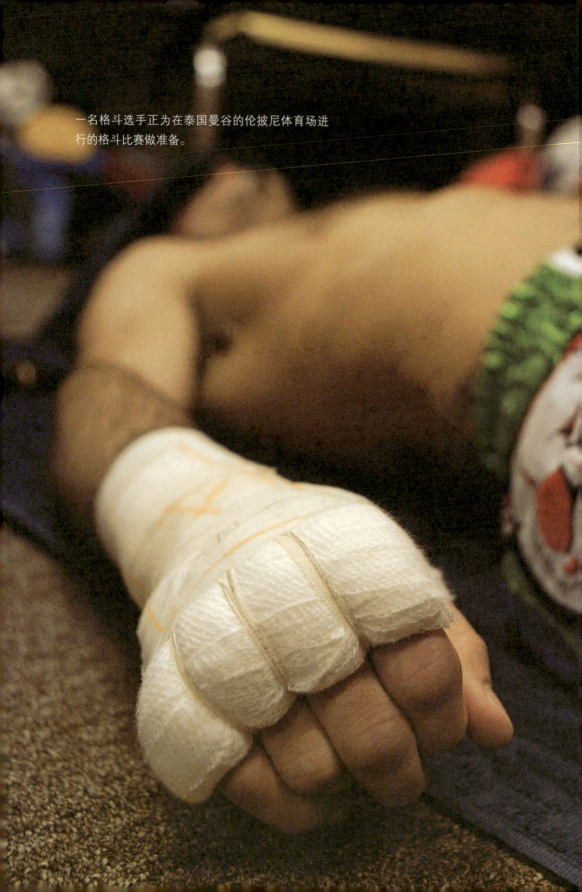

一名格斗选手正为在泰国曼谷的伦披尼体育场进行的格斗比赛做准备。

前 言

我相信您所看到的这个世界上的一切事物都始于某人脑海中的想法。我不会忘记这本书是如何从一个想法变成您手中的实际物体的。在与我的编辑讨论了我的第一本书 *Training for Warriors: The Ultimate Mixed Martial Arts Workout*（后文简称 *Training for Warriors*）的成功之后，我问了一个简单的问题："这本书卖得很好，我何时才能提交下一本书的另一个想法？"她回答说："你有另一个想法吗？"这本书就诞生于这一简单的问题。

在环游世界的过程中，我对不断发展的综合格斗（Mixed Martial Arts，MMA）运动中最常用的个人格斗技术进行了研究。我前往遥远的国家，刻苦学习在那里发展起来的格斗技术，期待着成功完成这次奇妙的冒险。当时不知道的是，我还会遇见有趣的人并与其交朋友，体验新的语言和文化环境，尝试新的异国食物，参观著名的纪念碑，更好地了解这些国家的历史。我也不知道我能如此深入地了解自己的身体训练。

感谢在我编写这本书的 2 年中遇到的令人难以置信的人和事，他们让我逐渐意识到格斗技术以及这本书都依赖于比肌肉和骨骼更难进行训练的 3 个品质。

第一个品质是勇气。在成为一名成功的格斗家或作家之前，你必须先拥有向着这个目标努力的勇气，然后付诸行动。不论是在格斗技术的学习过程

中，还是在生活中，大多数人还没开始努力就想放弃了。事实上，在大多数情况下，有勇气开始为一件事努力，你就已经赢了。

第二个品质是自律。一旦决定开始，只有保持自律才能获得成功。简单而言，如果想成为一名伟大的格斗家，就需要持之以恒地进行艰苦的训练。如果您想成为一名出色的作家，请保持良好的写作习惯。相比最具天赋的人，黑带更常见于那些在其他人用一些借口放弃训练时仍然坚持不停地训练的人。随着时间的推移，始终坚持的行动最终将帮助您击败任何困难。

第三个品质是耐心。我们常常知道自己想要成为什么样的人，却没有意志力熬过努力过程中的平台期。要知道，时间由您支配，您只要坚持足够长的时间，就能获胜，从而实现您想要实现的任何目标。

这本书源于我有勇气提出设想，凭借自律和耐心坚持到底，认准终点以达成目标。一个简单的设想可以引导您进行人生中最大的冒险。此书对我而言就是如此。

我真诚地希望您能在多个层面上欣赏此书，它不仅仅是一本健身图书。如果您只是想健身，此书可用。如果您对书中提到的不同格斗技术的历史或其发源地的文化感兴趣，这本书会让您产生展开一次冒险旅行的想法。

助您一臂之力的
马丁·鲁尼
伦勃朗广场
荷兰阿姆斯特丹

两名在 MMA 决赛（举办地位于巴西）中相遇的运动员。

介绍

　　综合格斗运动正处于十字路口。在过去的 10 年中，这项运动逐渐发展并被大众认可。仅在几年前，人们还对这项运动有所误解，禁止电视节目播放相关内容；而今天，理发店里的女性也会讨论谁能赢得下一场比赛。有些年幼的孩子不去进行橄榄球训练，而在当地的学院训练综合格斗技术。综合格斗运动已成为一项发展完善、受人尊敬的运动。这种转变始于几位如饥似渴地寻求展示自己的技能的机会的精英格斗家。现在，这项运动已经发展成为一个价值数十亿美元的行业。

　　一个行业发生积极的转变是非常值得庆祝的，但也有让人担忧的地方。一直以来，作为综合格斗运动的忠实拥护者，看见"我所喜爱的"运动可以迅速火遍全球，我感到无比兴奋。但这项运动是因为商业化和高人气才如此火爆的，而伴随着热度消去，会不会又回到最初无人问津的境地，这让我非常担忧。请让我用历史上的一个非常典型的例子来解释一下这种担扰。

　　在生产我们的日常用品（汽车、衣服和设备）的工厂、装配线和机器出现之前，人们必须具备通过自己的劳动手工制作这些产品的技能。如果您想要鞋子，就去找鞋匠；如果您需要一件衬衫，就去找裁缝，他们会用自己的双手为您做鞋子或衬衫。但是在 19 世纪早期的工业革命期间，人们发明了机器，可以更快速、更高效地完成这些工作。随着机器制造的普及，人们改良了仅适用于单个工种的技术，通过机器和装配线，实现了批量生产。尽管人们仍

这项运动的发展，运动员开始进行其他项目的交叉训练，以获得全面的发展。这种交叉训练常见于不同格斗技术的发源地。运动员常前往巴西、日本、泰国和荷兰等地，与世界上水平最高的格斗家切磋格斗技术。这种风格的交流，打破了当今综合格斗运动领域对于不同格斗技术流派的束缚。

但就像工业革命期间发生的事情那样，格斗家的某些技巧开始流失。现在，几乎每个城市都有一个"生产"综合格斗运动员的"工厂"和"装配线"。运动员们只是在接受"综合格斗技术"培训，而不是通过多年高强度的训练掌握不同的格斗技术。尽管这种训练系统可以较"快"且较"经济"地培养综合格斗运动员，但是在这种情况下，人才库就变得稀薄了。除了少数个例，单独丰富每种格斗技术的基本训练技术，进而整体性提高综合格斗运动技术的训练方式，最终可能会消失。

然可以得到"相当不错"的鞋子或衬衫，但这个过程已经改变了。忽略质量上的损失，其实真正的损失是大师们为创造这些杰作而磨炼的技能。现在谁还认得出手工制作的鞋子或衬衫呢？

综合格斗运动也面临着相似的问题。综合格斗运动是由几位格斗家创立的。这几位格斗家拥有其他武者不了解或不熟悉的格斗技术。这些对比鲜明的"风格"让这项运动拥有了魅力。这一事实得到了经典观点"风格造就战斗"（Styles make fights）的印证。人们想看看柔术运动员、摔跤手和自由搏击选手哪个能占上风。随着

我写这本书的目的是让看到本书的格斗爱好者，能够掌握更多关于综合格斗运动的身体训练技术，以及如何通过这些身体训练项目正确地进行身体训练。为达到此目的，过去两年来我一直在旅行，就像旧时的武者探访前辈的故乡那样。这对于武者来说是非常必要的事情。除了介绍每种格

斗技术"濒临灭绝"的身体训练技巧之外，本书还向您介绍每种格斗技术的历史、哲理和格斗技巧。我坚信，这对于任何接受训练的人来说都至关重要。

选择格斗技术

我撰写这本书的首个困难来自格斗技术的选择。我在开始选择某种训练之前，必须确定"格斗技术"的定义到底是什么。我询问过许多该领域的专家，但我问的人越多，得到的答案就越自相矛盾。有些人认为，格斗技术仅源自东方的战斗技术。有些人认为，古老的格斗技术才货真价实。几乎历史上的每一种文化，都有一定形式的军事训练。虽然有些技术确实源自古代，但我认为有一些重要的格斗技术相对比较"年轻"。有些人也会质疑一些格斗技术。虽然我明白"格斗技术"最适合代表战争或军事战斗，而本书中也讲解了一些具有军事应用的技术，但我相信一种格斗技术并非必须源于战场才能纳入综合格斗训练体系。

有趣的是，我收到的每一条意见，都要求格斗技术具有可传授和可执行这两个明确的技术特点。除可传授的技术之外，一些专家还要求某些被视为艺术的东西必须有一种与训练系统一致的特定哲理或生活方式。我同意这两点，本书的内容符合此标准。本书认为，格斗技术是在军事、运动或生活中击败或防御对手的任何技巧。

我最终选择在本书中讲解以下格斗技术（按章节出现的顺序）：巴西柔

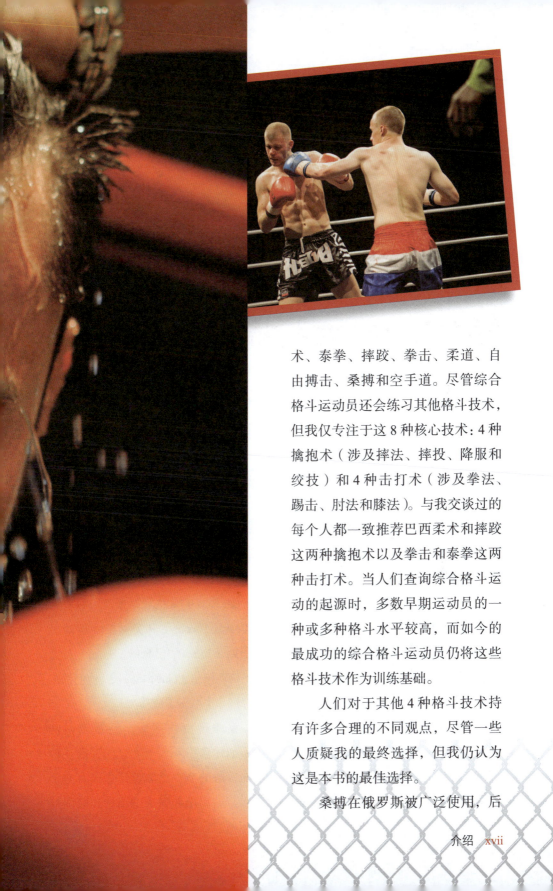

术、泰拳、摔跤、拳击、柔道、自由搏击、桑搏和空手道。尽管综合格斗运动员还会练习其他格斗技术，但我仅专注于这8种核心技术：4种擒抱术（涉及摔法、摔投、降服和绞技）和4种击打术（涉及拳法、踢击、肘法和膝法）。与我交谈过的每个人都一致推荐巴西柔术和摔跤这两种擒抱术以及拳击和泰拳这两种击打术。当人们查询综合格斗运动的起源时，多数早期运动员的一种或多种格斗水平较高，而如今的最成功的综合格斗运动员仍将这些格斗技术作为训练基础。

人们对于其他4种格斗技术持有许多合理的不同观点，尽管一些人质疑我的最终选择，但我仍认为这是本书的最佳选择。

桑搏在俄罗斯被广泛使用，后

文可见，桑搏如今已有许多形式。菲多·艾米连科（Fedor Emelianenko）可以说是世界上最顶尖的格斗运动员之一，他的兄弟亚历山大·艾米连科（Alexander Emelianenko）和前终极格斗冠军赛（UFC）冠军安德烈·阿尔洛夫斯基（Andrei Arlovski）均具有桑搏冠军背景。考虑到桑搏的技术、用途和当前在综合格斗中的应用，本书内容包含对桑搏的介绍。

柔道对其他格斗技术（如巴西柔术和桑搏）影响巨大。格斗运动员在综合格斗中一次又一次地使用经典的柔道摔投赢得优势。除使用特定技巧外，像卡罗·帕瑞森（Karo Parysian）、拉莫·索库鲁（Rameau Sokodjou）、吉田秀子（Hideko Yoshida）和总冠军三崎卡佐（Kazou Misaki）等优秀的格斗运动员都具有深厚的柔道背景。

自由搏击采用特殊技巧，具有鲜明的风格，与泰拳和拳击有很大的差异，是综合格斗中一种伟大的基础格斗技术。许多成功的荷兰自由搏击运动员在泰国获胜，许多格斗运动员都具有自由搏击背景，包括UFC冠军巴斯·吕滕（Bas Rutten）、总冠军米考·科罗考普（Mirko Crocop）和美国格斗运动员莫里斯·史密斯（Maurice Smith）及盖伊·梅茨格尔（Guy Mezger），他们都在综合格斗中取得了成功。

空手道变化多端，经常被误解为不如综合格斗。毫无疑问，有几种全面接触的空手道流派，如极真空手道，有助于培养强大的出拳、踢腿技能和精神韧性，这是任何一名综合格斗运动员的财富。UFC 冠军查克·利德尔（Chuck Liddell）、町田龙太（Lyoto Machida）和乔治斯·圣皮埃尔（Georges St. Pierre）等格斗运动员都具有空手道背景。

在我的编写过程中，对我的内容感兴趣的人常询问我：哪种格斗技术是最好的或最有效的。我写本书的目的是赋予现代拥有任一技术的格斗运动员获得成功的更多技术，更重要的是确保这些技术不被遗忘。格斗技术不仅可以在自卫和战斗领域发挥作用，而且可以在身体和心理健康方面发挥作用。正确应用多种格斗技术，可以提高个人的自律、自信和健康水平。只要您拥有一位您信任的导师和一种在精神与身体上都令人满意的格斗技术，您就能坚持练习和享受这种格斗技术。本书并不旨在囊括所有的格斗技术，如果遗漏了您最热衷的格斗技术，请多包涵。

当我研究本书中的这 8 种格斗技术时，我惊讶地发现，每种格斗技术都深刻反映了其实际发展时期的文化和历史。一种格斗技术无论是具有成千上万年还是仅具有几百年的历史，都反映了其发展年代和文化，对研究者具有巨大的价值。

我真正感兴趣的是，尽管每种格斗技术背后的年代和环境差异很大，但却有无数的相似之处。掌握任何一种格斗技术都对身体和精神提出了挑战，值得我们奉献毕生精力。

这些格斗技术在世界各地得以传播，以及数千万人参与定期培训，都证明了每种格斗技术创立者的远见和激情。例如，每种格斗技术的练习都包括跑步、俯卧撑、仰卧起坐、引体向上、举重和跳绳等内容。尽管我为本书每一章中的每种练习选择了数种形式，但每种练习有多个版本，都可使拥有所述格斗技术的运动员受益。每种格斗技术都需要运动员的坚持、自律、承诺和牺牲。我所见的其他一些共性包括：

心理训练与身体健壮同样重要；

使运动员疲惫不堪的艰苦训练至关重要；

完全专注和长时间训练才能精通技术；

您与教练或伙伴一起工作或训练得越努力，彼此之间以及对自己的尊重就越多；

速度、力量和耐力都是需培养的必要素质；

运动的具体要求使运动员的身体以某种方式“硬化”；

每种格斗技术的终极目标不是击败对手，而是更好地了解自我。

本书得出的最后一个有趣的结论是，综合格斗术实际上可能是一种格斗技术，虽然相当新，但也涉及了本书所述的格斗技术。必须学习摔投和擒抱的柔道运动员与必须用双手和双脚学习击打的自由搏击运动员之间真的有区别吗？综合格斗术与其他格斗技术一样，都有其独特的规则和历史。虽然综合格斗术最近很受欢迎，可以说是其他格斗技术的融合体，但本书所述的格斗技术哪个不是从某种早期的战斗形式发展而来的呢？

如果我们要研究综合格斗术这门"格斗技术"，我们必须研究其组成部分。如果不知晓本书包含的内容，您可能无法将自己视为全面的综合格斗家。本书解析综合格斗术，提供如何进行身体训练的方法，我希望赋予您洞察力以及提升您作为综合格斗术格斗家的水平。本书提供了独特的训练方法，可提高您的个人健康水平。我希望本书能激发每一位对综合格斗感兴趣的人，与这些格斗技术项目建立联系，进一步了解和尊敬这项伟大的运动。

如何阅读本书

本书根据构成综合格斗术的各种格斗技术设置了8章内容。各章不仅讲述了对应的格斗技术的重要哲学和历史内容，还展示了这些格斗技术领域的顶尖运动员所使用的具体训练方法。这些训练是在特定格斗技术起源的国家进行拍摄的。我试图根据以下标准选择训练方法：尽可能特别地训练格斗技术中最常用的肌肉、*Training for Warriors* 中未讲述的方法、训练方法很容易描述。每章都讲述了只需使用自身的体重、合作伙伴的体重和普通健身器材即可进行的训练，以及限于特定格斗技术或训练理念的一系列训练。

这8章都以"武者挑战"结尾，既能给您挑战，又能评估您目前的身体素质水平。这些挑战的详细信息见各章的末尾，您可在本书的后面记录这些测试结果，并根据"武者挑战评分表"进行评分。

营养章节讲述关于食物和食用方法的最新内容，包括补充剂，以帮助格斗运动员达到较高的健康水平。我与一位拥有美国顶级专业认证的注册运动营养师共同撰写了这部分，并提供了有针对性的膳食计划样本。

当今格斗训练的装备

杠铃和杠铃片

可调哑铃

药球

壶铃

速度梯子

攀岩绳

跳绳

轮胎

沙袋

引体向上杆（悬体杆）

瑞士球

BOSU 球

腹肌训练板

绑腿沙袋

弹力带

在本书的末尾，我们列出了 1 份为期 6 个月的全面训练计划，其中包括针对上半身、下半身和飓风训练的训练方法。本书包含该训练计划中的所有训练（热身以及心肺训练部分除外）。虽然您可以选择本书中的一些新颖的训练方法，然后将其添加到您当前的计划中，制定一份不错的训练计划，但我建议您开始为期 6 个月的训练计划，并记录"武者挑战"。在这项为期 6 个月的训练结束时，我相信您会发现一些奇妙的效果。

武者想要发挥潜力，必须具备 3 个条件：足够的动力和支持、正确的策略、必要的设备。我希望此书能赋予您动力以及我认为卓有成效的正确策略，设备的选择由您决定。我建议您在已有的训练设备中添加一些新的设备，或者去配备有这些设备的健身房。

武者挑战

生命本质上是"为挑战而崛起"。武者必须具备克服逆境的能力，这相当重要。挑战越大，武者证明其伟大的机会就越大。我们越是经常承受巨大的挑战，当出现另一个挑战时，我们获得成功的机会就越大。当出现不可预见的挑战时，能够始终保证自己处于极限状态的武者才能最终做好准备。

本书的一个基本前提是，不同的格斗技术要有一定程度的体适能和身体要求。历史上的格斗家以特定的方式根据这个前提做好准备。武者的技术能力水平很容易用武者的格斗技术等级衡量。例如巴西柔术、空手道和柔道腰带体系的确立，令武者的当前技术等级与其腰带的外观设计对应，并通过该名武者的教练衡量判断。虽然该规则对本书的其他 5 种格斗技术来说有点困难，但无论武者是业余的还是职业的，是要保持职业纪录还是要参加比赛，仍有确定武者技术水平的明确方法。

那么体适能水平呢？尽管我已经在 *Training for Warriors* 一书中进行了详细的说明，体适能对格斗技术的成功同等重要，但这仍然难以给出一个明确的量化标准。鉴于这个困难，本书的一部分内容包含了武者挑战计划，以检测武者所需的体适能水平。第 347 页提供了一个武者挑战评分表，帮助武者更好地了解自己的体适能在一项格斗技术所需的身体素质水平中，究竟处于何种水平。

每章的最后都包含一个武者挑战计划，以测试和评估武者的身体素质。在每次测试时，武者必须执行挑战计划，然后记录得分。武者可以根据所得的评分，使用书后的武者挑战评分表确定该测试得出的等级。每次测试都有 10 个级别。完成了本书的所有测试后，即可确定"武者训练计划"系统的总体水平。最终目标是全面达到 10 级水平。

武者挑战如下。

3 分钟仰卧起坐挑战

1 分钟踢腿挑战

2 分钟地板翻转挑战

3 分钟出拳挑战

3 分钟引体向上挑战

4 分钟俯卧撑挑战

3 分钟悬体臂屈伸挑战

4 项自重训练综合挑战

这些挑战一开始可能非常困难，以警告您的身体尚未为综合格斗或格斗技术做好准备。无论您从哪里开始，这些挑战的目标都是敦促您进一步提高身体素质。遵循武者挑战训练计划（完成本书中的训练以及根据本书中的武者挑战计划测试武者），您坚持的时间将大大增加，身体素质将大大提高。这是由于本书中的训练以及武者挑战训练提高了您的身体素质、增强了您的毅力。

这些武者挑战测试不仅测试您的身体素质，还测试和激励您的精神。一旦您度过瓶颈期，向新的高度前进，您将拥有一个奋斗目标以及实现目标的方法。

最大力量测试

武者挑战是挑战和评估武者力量、耐力和心理韧性的测试。

除这些测试之外，另一个评估武者的优秀工具是测试最大或绝对力量的 3 项经典测试。武者能够持续发展整体力量是重要的。本书在 3 个训练周期中的每个周期开始之前进行评估测试，以评估训练效果并改进。

在配备观察员的情况下，进行充分的热身活动后，使用适当的技术评估最大力量，这是一种安全的测试方法。与任何训练一样，不正确地进行这些测试会产生危险。3 项测试，尤其是卧推，都应配有一名或多名有能力的观察员，以确保训练的安全性。

最大力量的测试方法如下。

1. 杠铃卧推

进行该测试时，武者仰卧在长凳上，使用递增的重量进行推举，直到不能推举为止。记录以正确动作举起的最大重量（为了让武者有效举起重物，除进行"抬离"动作之外，观察员不应该触碰杠铃杆，杠铃杆必须接触武者的胸部然后在顶部完成锁定）。在热身运动结束、进入正式训练后，建议每 2 次举起的杠铃重量的增幅不要超过 13 千克。

2. 杠铃硬拉

进行该测试时，武者抓住置于地面的杠铃杆，然后从地面抬起杠铃后完全站直。记录以正确动作拉升的最大重量。

3. 增重引体向上

开始进行该测试时，武者悬挂在单杠上，肘关节平直，将下巴拉到杆以上。记录在身体上增加重量后仍能完整进行引体向上的最大重量。

马丁在俄罗斯圣彼得堡举行的桑搏训练课前进行热身。

本书所涉及的
训练地点

　　在创作这本书的时候，我拟定了一份世界顶尖训练学院的"愿望清单"。这些愿望使我能够与这些训练学院中的顶级格斗家一起参观和训练，体验各自的格斗技术，观察如何进行与格斗相关的身体训练。

巴西柔术

　　格雷西·巴哈学院，里约热内卢，巴西

　　戈尔多·科雷亚学院，里约热内卢，巴西

摔跤

　　伦佐·格雷西学院，纽约，美国

　　艾奥瓦大学，艾奥瓦城，美国

罗格斯大学，新布朗斯维克市，美国

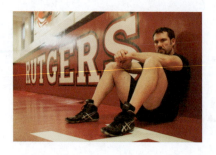

纽约运动俱乐部，纽约，美国

柔道

讲道馆，东京，日本

泰拳

菲尔泰斯拳馆，挽披县，泰国

国士馆，东京，日本

拳击

格利森健身馆，纽约，美国

空手道

日本空手道协会（全球总部），东京，日本

国际松涛馆空手道联盟，阿斯托里亚，美国

桑搏

纽约国际培训中心，长岛，美国

狄纳莫运动馆，莫斯科，俄罗斯

桑搏格斗馆，圣彼得堡，俄罗斯

桑搏格斗馆，雅罗斯拉夫尔，俄罗斯

马丁在泰国挽披县接受菲尔泰斯拳馆的"核心训练"指导。

第 I 部分

综合格斗术中的格斗技术

一名柔道运动员在日本东京国士馆大学
对柔道进行冥想。

一

格斗技术史概述

当我开始写这本书的时候，我进入格斗技术行业已经 10 多年了，参加过有些人可能认为是最高级别的比赛，例如终极格斗冠军赛，以及阿布扎比搏击俱乐部世界格斗锦标赛。编写这本书使我认识到我对格斗技术的了解十分肤浅，这让我想起了古老的格言：我们必须保持"初学者的态度"。我们未知的远多于已知的，这让我们始终走在发现之旅中。我希望此书除提供新的和具有挑战性的体能训练外，还能让您了解这些不同格斗技术背后的历史和哲学。

在世界历史上，格斗技术的历史及其发展遵循着一条并不令人感到惊讶的道路。格斗技术已有了 3000~4000 年的历史。摔跤、拳击是最古老的形式，但直到它们成为了奥运会比赛项目，我们才真正开始了解包括摔跤和拳击在内的一些格斗技术。印度与中国的贸易与文化交流促进了如今人们仍在训练的许多亚洲或东方格斗技术的传播。此后罗马斗兽场的开放，以及中国少林寺的建立都对现代世界的格斗技术产生了历史性的影响。我们喜欢将综合格斗运动员称为角斗士。尽管从 16 世纪到 19 世纪，格斗技术在世界各地持续发展，但直到 20 世纪初，人们才开始普及我们如今所知晓的大多数格斗技术。

读一读有关格斗技术的故事挺有趣的，因此本书的每一章都详细介绍了格斗技术史。当我通过书籍、互联网和专家访谈研究每种格斗技术的起源和哲学时，我偶然发现了一个值得一提的趋势：每种格斗技术都曾受单个人、单一事件或者单一的政治或社会经济事件的制衡。每种格斗技术所打下的坚实基础曾经都极其脆弱。

我认为格斗家理解和尊重这些历史是一件既有趣又重要的事情。我们目

前正在练习的格斗技术源自几位了不起的
人的毕生努力，他们具有远见、热情和精
力，创造并捍卫了我们现在的格斗技术。
下面是一个简短的人员名单，他们的毕生
奉献使格斗技术发展成今天的样子。本书
分别讲述了每一位这样了不起的人：

卡洛斯·格雷西（Carlos Gracie）和埃
利奥·格雷西（Helio Gracie）；

嘉纳治五郎（Jigoro Kano）；

前田光世（Mitsuyo Maeda）；

詹姆斯·布劳顿（James Broughton）；

简·普拉斯（Jan Plas）；

山田辰夫（Tatsuo Yamada）；

野口修（Osamu Noguchi）；

维克托·斯彼德诺夫（Viktor Spiridon-
ov）；

阿纳托利·哈兰皮耶夫（Anatoly Kha-
rlampiev）；

瓦西里·奥谢普科夫（Vasili Oshche-
pkov）；

船越义珍 (Gichin Funakoshi)。

除理解格斗技术的身体练习外，我相
信要真正成为"完整"的格斗家，我们必
须考察了解我们在格斗技术史上的地位，
了解我们正在努力练习和掌握的格斗技术
的深度和范围。在我看来，这种知识对任
何真正的格斗家而言都至关重要。

马丁在巴西里约热内卢的格雷西巴拉训练馆进行格斗训练。

二

巴西柔术

如果您希望有人把您打得鼻青脸肿，踢断您的手臂，请联系以下地址的卡洛斯·格雷西……

——20 世纪 20 年代的巴西报纸广告

巴西柔术的创始者卡洛斯·格雷西对自己的 12 条训诫 [翻译自罗尔斯·格雷西（Rolles Gracie）] 如下。

（1）坚强，没有什么可以打扰内心的平静。

（2）向所有人谈论幸福、健康和繁荣。

（3）让所有朋友感觉他们有价值。

（4）看看光明的一面，将乐观情绪转化为最终的现实。

（5）只考虑最好的，只为最好的工作，期待最好的。

（6）像对待自己的成功一样，公平而热情地对待他人的成功。

（7）忘记过去的错误，把精力集中在未来的成就上。

（8）始终让身边的人快乐，始终对与你说话的人微笑。

（9）花最大量的时间提高自己，不要浪费时间批评别人。

（10）伟大而不感到不安，高尚而不感到愤怒，幸福而不感到挫折，坚强而不感到恐惧。

（11）乐观地看待自我，并向大家宣告。不要使用夸张的语言，而要用实力说话。

（12）忠于自己最擅长的，坚信世界与你同在。

在当时，虽然巴西柔术只有80年历史，但它是一种几乎单枪匹马地彻底改变当代综合格斗术的格斗技术。尽管它也会传授常规站立式摔投和擒抱技术，但重点却是传授特定的基础技巧，如利用手臂、腿和踝关节进行各种锁喉。巴西柔术在历史上是一种自卫术，一种穿着或不穿着专用服装的体育运动，在综合格斗术中被广泛应用。巴西柔术在综合格斗术中得到了有效应用，吸引了有抱负的格斗家，在过去10年中在全世界迅速传播。

历史

巴西柔术可以追溯至讲道馆柔道以及嘉纳治五郎的工作，并最终追溯到柔道的前身——日本柔术。一位传奇武者前田光世将这个格斗技术带入巴西。前田光世又名 Conde 或 Count Koma，是除嘉纳治五郎之外的最高级柔道家。20世纪初，嘉纳治五郎派遣前田光世到世界各地传播柔道。前田光世在旅程中参加了数百场挑战赛，以证明他技能的高超。据说，在这么多场挑战赛中，他从未被击败过。1914年，前田光世前往巴西，加斯唐·格雷西（Gastao Gracie）帮助他建立了一所学校。为了感谢加斯唐，前田光世开始在1916年，向加斯唐14岁的儿子卡洛斯·格雷西传授柔术。经过前田光世的4年训练之后，卡洛斯和他的家人搬到了里约热内卢，卡洛斯开始向他的兄弟奥斯瓦尔多（Osvaldo）、加斯唐（Gastao）、若热（Jorge）和埃里奥（Helio）传授技术。在20世纪剩下的时间里，格雷西家族继续练习前田光世最初传授给他们的格斗技术，并在公开的挑战赛和无限制格斗、徒手格斗运动中公开测试他们的训练体系。虽然格雷西的训练体系在其故乡巴西占据显著地位，但直到20世纪90年代初，终极格斗冠军赛的出现，才使巴西柔术成为世界公认的格斗技术。

重要的最大限度提升

柔术与柔道结合后，最大限度地提高了格斗的效率。柔术起初被宣传为一种技术训练体系，可以让一个小而弱的人利用整个身体形成的杠杆，攻击对手的关节，击败大而强的对手。

这种最大限度提升效率的方法也可在实际的格斗中应用。柔术运动员把对手摔倒在地，还可使对手丧失击打和移动的能力。柔术的目标是用武者的最大力量进行格斗，因此，在地板上格斗是最有效的办法。

巴西柔术的常用技巧

巴西柔术以其在综合格斗术中常用的各种姿势和顺势而闻名于世。后面的规则部分会重点讲述巴西柔术的姿势。巴西柔术在综合格斗术中最常见的4种顺势如下。

（1）十字固（葡萄牙语为Chave de Braco）：攻击者利用整个身体压制对手的一只手臂，形成一根杠杆，因

具有严重受伤的风险而强迫对手认输。

（2）裸绞（葡萄牙语为Mata Leao）：攻击者位于对手背后，将一只手臂放在对手的颈部，最后再将另一只手臂放在对手的头部后侧。这种强有力的扼喉可以在数秒内使人无法运动，这也是柔术的标志性动作。

（3）三角绞（葡萄牙语为Triangulo）：攻击者用双腿环绕对手的一只手臂和头部后互锁，因具有扼杀的风险而强迫对手认输。

（4）断头台（葡萄牙语为Guilhotina）：当攻击者和对手面对面时，攻击者将对手的头部拉向自己，并将前臂放在对手的喉部，然后将双手互锁，挤压对手的颈部，直到对手投降。这可能是如今综合格斗术中最有效的顺势之一。

制服

在传统的巴西柔术中，选手穿着一件制服并佩带一根腰带。虽然柔术选手的排名与空手道选手和柔道选手的排名略有不同，但腰带颜色的变化仍然带有递增的顺序：白色、蓝色、紫色、棕色和黑色。按照训练时间的长短或知识水平，以及通过比赛或服务为格斗技术做出的贡献，排名还可以细分成不同的级别。

在不穿制服的柔术比赛中，选手

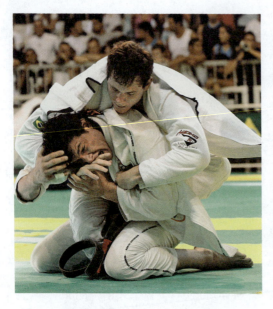

常穿一条短裤（常称为板短裤）和一件 T 恤或一件称为快速护衣的紧身衬衫。在这种比赛中，选手如果愿意，也可不穿衬衫。

巴西柔术规则

根据不同的比赛级别，从站立开始，柔术比赛时间为 5~10 分钟（白带比赛为 5 分钟，蓝带比赛为 6 分钟，紫带比赛为 7 分钟，棕带比赛为 8 分钟，黑带比赛为 10 分钟）。

赢得柔术比赛有 4 种方法。获胜的最终方式是使对手投降。另外 3 种获胜方法分别为：对手被取消比赛资格，积分超过对手，以及在双方积分相同或都没有积分的情况下被判定为有利。巴西柔术的重要姿势如下。

·4 分：骑乘或背部控制姿势

这是柔术中最有利的两种姿势，故得分最高。对手躺在地上，攻击者横跨对手胸部跪坐，形成骑乘姿势；攻击者面朝下趴在对手的背部，双腿缠绕在对手身上，双脚钩在对手双腿内侧，形成背部控制姿势。

·3 分：破坏防守

防守是巴西柔术在 20 世纪 90 年代初向世界展示的一个姿势。当躺在地上的选手双腿缠绕在跪着的对手的腰部时，形成防守姿势。对手脱离防守方的双腿，并呈"交叉侧"或骑乘姿势时，则认为防守"遭到破坏"。

由于选手破坏了防守姿势，获得了明显优势，故得分很高。

·2分：摔倒、绊扫和浮固

摔倒是使用任何摔投方法将对手从站立位置摔倒在地，同时仍然保持对其的控制的一种方法。当一名"防守"的格斗者使用双臂和双腿从背后与对手一起翻转或反转体位时，绊扫就会出现。在绊扫过程中，该名"防守"的格斗者从底部转到顶部位置。当处于顶部的格斗者从横侧（双方彼此垂直）用膝关节压住对手腹部，使对手躺在地面上时，就完成了浮固。

在综合格斗中应用巴西柔术

自巴西柔术早期在综合格斗术中占据主导地位以来，人们就无法否认柔术是如今综合格斗运动员的必备技术之一。摔倒、降服及地面防御技巧对于任何格斗运动员来说，都是必须学习和熟练掌握的。其中，地面防御技巧不仅具有防御性，能最大限度地减少对自身伤害，还可创造使对手认输和逆转（如绊扫）的进攻机会。

格斗运动员是否具备良好的"地面技术"，将决定格斗在战略上如何进行，故巴西柔术对当前综合格斗术的"格斗架构"产生了重要影响。

著名的柔术大师有罗伊斯（Royce）、里克森（Rickson）、伦佐·格雷西（Renzo Gracie），终极格斗冠军赛冠军BJ·佩恩（BJ Penn）、弗兰克·米尔（Frank Mir）、马特·塞拉（Matt Serra）以及终极格斗冠军赛传奇人物罗德里戈·米诺托罗（Rodrigo Minotauro）、德米安·迈亚（Demian Maia）、里卡多·阿尔梅达（Ricardo Almeida）和肯尼·弗洛里安（Kenny Florian）。

巴西柔术运动员的身体要求

与本书重点讲述的一些格斗技术相比，巴西柔术对运动员的身体素质的要求具有其独特性。柔术是一门真正的艺术，尽管柔术运动员可以按照自己的特性发展"风格"，但仍然存在使每名柔术运动员受益的普遍要求。这就是拉动对手的握力和背部肌肉组织的力量，实现高级防守技巧的臀部和腰部柔韧性。此外，速度和耐力也是必备属性。

巴西柔术训练

辅助训练

站立摔投训练

地面训练

膝关节训练

除比赛和现场训练之外，柔术运动员还可以使用几种不同形式的辅助训练，来改进技术和控制动作时间。这些辅助训练包括基础训练（包括不同姿势的地面单独训练），以及站立训练（包括练习柔术时常用的摔投和站立技术）。

1. 双杠臂屈伸

　　起始姿势：双手抓杆，肘关节伸展，双脚离地。降低胸部，使肘关节呈 90 度或更小的角度。

　　肘关节伸展，返回起始姿势。

2. 反手引体向上

　　起始姿势：身体悬挂于单杠，肘关节伸展，掌心朝内。肘关节屈曲，使胸部接近单杠。

　　慢慢将头部和胸部降低，返回起始姿势。

3. 正手引体向上

起始姿势：身体悬挂于单杠，肘关节伸展，掌心朝外。肘关节屈曲，使胸部接近单杠。

慢慢将头部和胸部降低，返回起始姿势。

4. 三角形引体向上

起始姿势：身体悬挂于单杠，肘关节伸展，掌心朝外。

肘关节屈曲，使胸部接近单杠。保持最高高度，同时将头部置于一只手上。慢慢将头部和胸部降低至起始位置，在另一侧重复动作。

5. 屈体引体向上

起始姿势：身体悬挂于单杠，掌心朝外，肘关节和膝关节伸直。

双脚抬至腰部高度，保持膝关节伸展。

保持收腹姿势，将胸部拉至单杠高度。

慢慢降低至起始位置，然后重复动作。

6. 增强式引体向上

起始姿势：身体悬挂于单杠，肘关节伸展，掌心朝外。尽可能快地屈曲肘关节，将胸部拉至单杠高度。

在最高处松开单杠，然后在回落过程中重新抓住单杠。慢慢将头部和胸部降低至起始位置，然后重复动作。

7. 交错抓握引体向上

起始姿势：身体悬挂于单杠，肘关节伸展，两个手掌的抓握方向相反。

肘关节屈曲，上拉身体，使胸部接近单杠。

慢慢将头部和胸部降低至起始位置。

8. 摆体引体向上

起始姿势：身体悬挂于单杠，掌心朝外，肘关节和膝关节伸直。抬起双脚，向外侧伸展，然后将双脚移至头顶上方。

将双脚移至另一侧，然后返回起始位置。慢慢地在两个方向上重复运动。

9. 悬体举腿引体向上

起始姿势：身体悬挂于单杠，掌心朝外，肘关节和膝关节伸直。

膝关节保持伸展，双脚先抬至腰部高度，接着继续向上拉至单杠以上位置，直到小腿接触单杠。

慢慢降低双腿至起始姿势。

10. 翻身上杠

起始姿势：身体悬挂于单杠，肘关节伸展，掌心朝外。肘关节屈曲，快速将胸部拉至单杠高度。

使胸部越过单杠，然后旋转手掌，使掌心向内。

肘关节伸展，向上拉胸部，使髋关节接触单杠。

慢慢地逆向进行整套动作，返回起始姿势。

11. 肩胛肌支撑身体挺立

起始姿势：身体悬挂于单杠上，肘关节伸展，掌心朝外。

双脚先向前再向后摆动，以产生动力。

当双脚从后向前摆动时，肘关节伸直，将胸部拉至单杠后面。

使胸部越过单杠，然后旋转手掌，使掌心向内。

肘关节伸展，向上拉胸部，使髋关节接触单杠。

慢慢地逆向进行整套动作，返回起始姿势。

12. 哑铃弯举和推举

起始姿势：站立，手握哑铃，肘关节伸直，掌心朝内。

拇指朝上，将哑铃弯举至肩部高度。

肘关节伸展，将哑铃向上推举至头部以上。

慢慢地逆向进行整套动作，返回起始姿势。

13. 肱二头肌弯举和推举

起始姿势：站立，双脚分开与肩同宽，手握哑铃，肘关节伸直，掌心朝前。

将哑铃弯举至肩部高度，然后旋转哑铃，使掌心朝前。

肘关节伸展，将哑铃向上推举至头部以上。

慢慢地逆向进行整套动作，返回起始姿势。

14. 手持哑铃摆动

起始姿势：四分之一深蹲，双手持哑铃，置于双腿之间。

开始运动时，髋关节和膝关节伸展，向前摆动哑铃。

向上摆动哑铃，同时保持肘关节伸直。

慢慢降低哑铃，回到起始姿势。

15. 侧倾推举

起始姿势：站立，手持哑铃至肩部，哑铃对侧膝关节屈曲。

腰部向哑铃的对侧倾斜。

在此姿势下伸展肘关节，将哑铃向上推举。

将哑铃放回肩部，然后重复动作。

16. 肱三头肌臂屈伸

起始姿势：坐姿，双手握哑铃，置于头顶以上的位置。

肘关节屈曲，降低哑铃至颈后。然后肘关节伸展，哑铃返回起始位置。

17. 单臂握哑铃划船

起始姿势：一侧小腿和一只手置于长凳上，另一只手持哑铃，手臂向下伸直。

背部保持笔直，将哑铃拉至胸部高度。

慢慢降低哑铃，返回起始姿势。

18. 直腿硬拉

起始姿势：站立，手握杠铃，置于身体前方，双臂自然下垂。

膝关节稍微屈曲，背部保持平直。腰部屈曲，将杠铃降低至地面。

手握杠铃返回起始姿势。

19. 单腿直腿硬拉

起始姿势：站立，手握杠铃，双臂伸直。一只脚抬离地面。

落地腿的膝关节略微屈曲，离地腿向后伸展，背部平直，弯腰将杠铃降低至地面。

手握杠铃返回起始姿势。

20. 肩扛杠铃前弓步

起始姿势：将杠铃横跨双肩，置于颈后。

一条腿向前迈步，降低身体，后腿的膝关节几乎触地。

前腿屈曲呈 90 度，然后返回起始姿势。

21. 手握哑铃侧弓步

起始姿势：站立，双手持哑铃置于体前，双腿分开，双臂伸直。

脚趾保持向前，一条腿向侧方迈步，身体下蹲至侧弓步姿势，保持双臂伸直。

返回起始姿势，然后将哑铃向另一只脚下降。

22. 手握哑铃前平举

起始姿势：站立，手握哑铃，置于体前，掌心朝后。

将哑铃向上平举至肩高。

慢慢降低哑铃，回到起始姿势。

23. 手握哑铃侧平举

起始姿势：站立，手握哑铃，置于体前，掌心朝后。

将哑铃向上平举至身体两侧，大致与肩同高。慢慢降低哑铃，回到起始姿势。

24. 手握哑铃肱三头肌后举

起始姿势：一只手臂支撑在支架上，另一只手握哑铃并上提至腰部高度。

肘关节伸展，向后将哑铃举至头顶高度。

肘关节屈曲，降低哑铃，回到起始姿势。

25. 手握哑铃俯卧撑至侧撑

双手握哑铃进行俯卧撑。慢慢降低躯干，保持背部平直。

肘关节伸展，侧身将一侧哑铃向上举过头顶，使双臂在一条直线上。然后回到起始姿势。

26. 手握哑铃俯卧撑屈膝至肘关节

双手握哑铃进行俯卧撑。慢慢降低身体，保持背部笔直。

将一侧膝关节抬至肘关节位置，然后慢慢放回。肘关节伸展，回到起始姿势。

27. 手握杠铃体前倚靠弯举

起始姿势：手握杠铃，掌心朝外，肘关节伸展，膝关节屈曲，用辅助设备支撑肱三头肌。

将杠铃弯举至下巴的高度。

慢慢降低杠铃，回到起始姿势。

28. 手握杠铃法式卧推

起始姿势：仰卧，手持杠铃置于胸部上方。

肘关节屈曲，将杠铃降低至前额上方。

肘关节伸展，使杠铃慢慢回到初始位置。

29. 杠铃弯举

起始姿势：站立，双手握杠铃，掌心朝前。

将杠铃弯举至颈部高度，保持肘关节紧靠身体。

慢慢降低杠铃，回到起始姿势。

30. 持杠铃屈腕

起始姿势：坐姿，手持杠铃，前臂置于大腿上，掌心朝外。

手腕向内屈曲，向上抬高杠铃，使其靠近身体。慢慢降低杠铃，回到起始姿势。

31. 持杠铃伸腕

起始姿势：坐姿，手持杠铃，前臂置于大腿上，掌心朝内。

腕关节伸展，向上抬高杠铃。慢慢降低杠铃，回到起始位置。

32. 手握杠铃蹲骑

起始姿势：下蹲，手持杠铃，置于脚踝后。然后起身至站立，膝关节、髋关节和腰部伸展。

慢慢将杠铃降低，回到起始姿势。

33. 手握杠铃后弓步

起始姿势：站立，杠铃横跨双肩，置于后背。

单腿向后退一步，降低身体，使后腿膝关节几乎触地。

前腿向地面压，然后回到起始姿势。

34. 早安式

起始姿势：站立，杠铃横跨双肩，置于后背。

膝关节稍微屈曲，背部平直，然后慢慢弯下腰部，向前降低杠铃，直至躯干平行于地面。

慢慢将杠铃抬高，回到起始姿势。

35. 手握哑铃分腿下蹲

起始姿势：手握哑铃，一只脚向后屈曲置于支撑物上。用前腿降低身体，直至后腿膝关节几乎触地。

前腿膝关节伸展，返回原来的分腿下蹲姿势。

36.手握杠铃分腿下蹲

起始姿势：分腿站立，杠铃置于两腿之间。

慢慢降低身体和杠铃，使后腿膝关节几乎触地。

双脚用力，然后膝关节伸展，回到起始姿势。

37. 逆向划船

起始姿势：身体悬挂于单杠，双脚脚跟置于凳子上，双腿伸直。以双脚为支点，将胸部拉至单杠位置。慢慢降低身体，回到起始姿势。

38. 人体旗帜

起始姿势：一只手略低于髋部高度，另一只手置于头顶以上。

用下方的手推压旗杆，直接将身体抬至空中。保持 5 秒，然后慢慢回到起始姿势。

39. 斗牛士

起始姿势：坐立，上身略向前倾，一条小腿置于体前，另一条小腿置于体侧。

双手不触地，首先将体侧的腿移至体前并伸直。

然后交换腿的位置，重复前面的动作。

40. 同伴协助抬高和拖拽

起始姿势：在躺在地面的同伴身后下蹲，用双手抓住同伴肩部的衣服。

起身站立，将同伴拉至坐姿。

退后一步，然后下蹲，将同伴放低，回到起始姿势。

41. 拉同伴衣服划船（臀部上拉）

同伴 1 站立，抓住同伴 2 的袖子，并完成跨越。

同伴 2 向上做划船动作，保持颈部和背部的挺直。

同伴 1 必须保持双臂伸直，身体紧绷，以脚跟作为运动支点。

同伴 2 在控制之下，身体慢慢下降。

42. 坐姿自旋

起始姿势：坐姿，双脚和双手置于空中。

使用手臂做扭转运动以产生动力，使身体以臀部为支点"转动"一整圈。

完成一次完整的旋转后，向相反方向重复运动。

43. 同伴协助收腹抬腿

起始姿势：仰卧，双腿伸直，双手握住同伴的脚踝。

向上牵拉双腿，越过同伴。

回到起始姿势，收腹抬腿至另一侧，然后返回。

最后收腹抬腿，将双腿环绕在同伴周围。回到起始姿势后，一组动作完成。

44. 木村式仰卧起坐

起始姿势：仰卧，双手在胸前紧握，膝关节屈曲。

坐起，扭动双肩，将紧握的双手置于体侧。

旋回，慢慢降低身体至起始姿势。

45. 膝盖置于同伴胸前单腿跳

将一侧膝盖置于同伴的胸部，另一只脚伸向侧面，双手撑地。

用力将身体弹向同伴身体上部的空中，然后将另一侧膝盖置于其胸部，将先前置于胸部的膝盖向侧面伸直。再次跳起来，回到起始姿势。

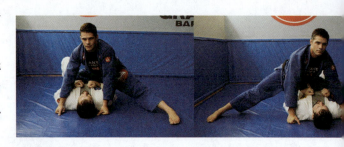

46. 极限坐地蹬腿

双手和一只脚（图中以右脚为例）触地，对侧脚尽可能抬高。

将左脚落回身体下方，然后使右手越过右腿，完成第二个姿势。

身体向左脚的那一侧翻转，同时右脚上举，左手越过身体，于肩部下方触地支撑。

47. 半程斗牛士

起始姿势：坐于地面，一条腿向前伸出，另一条腿向前叠放。

伸直腿移至体侧，再移至体后，尽量不要触地。保持该腿抬高，然后回到起始姿势。

  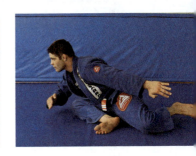

48. 同伴坐姿跨骑

双手置于躺着的同伴的双脚之间，呈跨骑姿势。

右手保持向下，拉动右腿绕过同伴的双腿，右腿向前伸直，然后用左腿支撑在同伴的躯干旁。

回到起始姿势，然后在另一侧重复动作。

3分钟仰卧起坐武者挑战

　　这项武者挑战是在3分钟内，尽可能多地完成武者膝关节抓握仰卧起坐训练。这一挑战是对核心力量和耐力的考验。用于此测试的仰卧起坐方法，对发展地面格斗技术有非常大的帮助。如果您的腹部训练不多，在测试中您可能会感到耐力缺乏。本书的训练计划部分和随后的武者挑战所包含的训练将有助于您逐步提高。

3分钟仰卧起坐武者挑战规则

（1）起始姿势：平躺，双臂置于头顶，双腿伸展。

（2）在第一次移动之前启动计时器。

（3）坐起，双膝置于胸前，手臂环绕在小腿附近。

（4）返回起始姿势，在3分钟内尽可能多地重复动作。

（5）您可以随时休息，但计时不会停。

（6）未回到起始位置、在起身过程中未保持坐姿，或者双臂动作不正确均不计数。

（7）3分钟后停止计数，然后在本书后面的武者挑战评分表中记录您的分数。

马丁在位于泰国挽披县的菲尔泰斯拳馆与培训师米突（Mitr）一起训练。

三

泰拳

我确信，我心无杂念、坚强勇敢、诚实正直。我不会欺负比自己弱小的人。我会为他人的利益而行善，忠于国家。我不惹是生非。我们将团结起来，尽可能地互相帮助。

—— 一名泰拳武者的誓言

泰拳理念

锻炼身体、激励精神和充实内心。没有专注和奉献，身体训练会毫无用处。

向自己和他人表现耐心和毅力。提高速度以及发展泰拳技术。尊重您的父母、老师、周围的其他人和您自己。

诚实而有礼貌，尽可能帮助别人。用勤奋和自信对待一切。为团结氛围的营造和泰拳的兄弟情谊做贡献。

身处逆境时先使用常识和智慧，格斗仅是最后的手段。

泰拳是泰国的官方运动，起源于战场，是一种历史悠久的格斗技术，现已发展成一种世界性的流行运动。泰拳具有复杂的打击系统，也称为八肢术。这是因为西方拳击只有 2 个打击点（双手），空手道等其他打击技术有 4 个打击点（双手和双脚）。而在泰拳中，双手、双肘、双膝、双脚都可用于打击。泰拳如今已成为一种很好的格斗技术，全世界的许多人都在练习，已成为亚运会的正式运动项目，并正在申请成为奥林匹克运动会的比赛项目。

历史

泰拳始用于军事，可追溯至 15 世纪的战场。这种格斗技术从简单的战场格斗技术发展为在泰国极具声望和名誉的运动。早在 18 世纪，体育格斗就开始引起了人们的注意。19 世纪前，泰拳已从战场格斗技术演变为泰国最受欢迎的一项运动。在 20 世纪 20 年代，人们制定了泰拳的规则，而现代拳击手套、沙袋和其他设备的发明促进了泰国各地的格斗营的发展。著名的伦披尼（Lumpinee）和罗佳德蒙（Rajadamnoen）体育场建于 20 世纪 50 年代，自此泰拳比赛成为曼谷的日常活动。如今，泰国有成千上万的泰拳武者，且每年都会举办世界锦标赛。泰拳武者常在 5 岁时就开始接受高强度的训练，这些年幼的武者在 12 岁之前参与过 90 次以上的格斗比赛并不罕见。

重要传统

泰拳是一种深植于泰国文化和历史的格斗技术，今天仍保留数种古老的传统。未受过训练的人在正确理解这些传统之前可能会感觉这些传统多余。值得关注的主要有以下传统。

1. 武者姓名

在泰国，武者常将姓氏改为训练营地的名称。例如，泰拳的顶级选手雅桑克莱·菲尔提斯（Yodsanklai Fairtex）的名字就源自一家泰拳场馆。

2. 使用特殊的格斗搽剂

在进行泰拳格斗之前，武者常涂抹特殊的格斗搽剂。这些搽剂既可镇痛，也可加热身体肌肉，使武者做好准备。搽剂常见的主要成分是泰国的一种冬青。

3. 佩戴护身符

在泰国，您会看到许多人出于希望能有好运气等原因，在项链上戴护身符。这种佩戴护身符的习俗在泰拳运动中也有所体现。

4. 韦克鲁姆马伊（Wai Kru Ram Muay）

这是一项必不可少的仪式性舞蹈，由两名武者在泰拳格斗之前进行，以

表达对老师和父母的尊重，也作为确保安全和胜利的祈祷。举行这种仪式时，格斗场内会演奏传统泰国音乐，也可视为展示泰拳动作的一次热身，甚至也是在气势上压倒对手的一种形式。来自不同训练营的武者会进行不同的仪式，但在多数情况下，舞蹈中必不可少的3个序列须按某种方式进行：皇家敬意序列、跪序列和站立序列。这些序列完成后，音乐停止，武者也做好了格斗准备。

5. 在格斗中演奏萨拉玛（音乐）

在格斗之夜中演奏的音乐从拜师舞开始。尽管其音乐节奏缓慢，与舞蹈相匹配，但随着格斗的开始，音乐开始加速。随着格斗过程的进行，音乐的速度和强度也会同步增加。这可使武者在比赛中加快自己的节奏，也可让观众们兴奋。

泰拳的常见技巧

武者可以利用身体的多个部位进行击打，故泰拳有数种类型的击打。综合格斗中常用的泰拳标志性击打如下。

（1）肘关节击打（泰语为 Sok in Thai）：武者试图击倒或削弱对手，以取得胜利。

（2）膝关节击打（泰语为 Kao Trong）：最强有力的击打，武者直接用膝关节击打对手身体或向上击打对手头部。

（3）前腿推踢（泰语为 Teep Trong）：通过击打使对手失去平衡，从而破坏其进攻并准备反击。

（4）扫踢（泰语为 Teh Chiang）：泰拳的经典踢法，泰拳武者向上用力抬小腿，试图伤害对手的腿部或身体其他部位。

除击打外，泰拳比赛期间还常进行扭打，即选手互相纠缠，用膝关节和肘关节相互击打或将对方摔倒在地，以显示自身能力。泰拳武者也擅长使用小腿和前臂招架对手强有力的踢腿。

制服

泰拳所需的设备包括泰拳拳击

手套、护手带、护齿、泰拳短裤、钢质腹股沟保护装置，以及支撑脚踝的护套。

规则

泰拳比赛不超过 5 个回合。每个回合的时间为 3 分钟，中间有 2 分钟的休息时间。选手必须在格斗前负重，然后表演拜师舞。一旦完成此仪式，就脱去蒙空，开始比赛。裁判根据击打的有效性对选手进行评分。每个回合比赛都以 10 分制的规则对选手的表现进行评分。如果裁判认为一位选手获得 10 分，则另一位选手获得 9 分。随着比赛回合的进行，在比赛结束之后，选手的累积得分便是自己的比赛成绩，积分高者获胜。获胜的 3 种方法分别为裁判评分、击倒或裁判叫停。

在综合格斗中应用泰拳

综合格斗几乎认可在泰拳中使用的所有击打形式（在某些技术或情景下，肘关节或膝关节的特殊用法可能会受到一些限制，具体取决于具体组织或比赛）。泰拳是一个站立技能的完整系统，几乎被认为是一种必须进行交叉训练的格斗技术。强有力的击拳、踢腿和肘击可造成严重伤害，这使得泰拳成为综合格斗获胜的有力选择。许多顶级综合格斗选手采用了独特的泰拳技术，包括安德森·席尔瓦（Anderson Silva）、万德雷·席尔瓦（Wanderlei Silva）、毛里齐奥·卢阿（Mauricio Rua）和杰出的综合格斗女选手吉娜·卡拉诺（Gina Carano）。

泰拳选手的身体要求

泰拳选手以擅长身体调节而闻名，其超越了身体调节范围的"炼体（Tempering）"使身体更加强硬，以进行攻击或遭受击打。泰拳选手的小腿和手臂经过多年的训练变得非常坚硬。泰拳选手的身体素质主要使用重袋、手靶等进行训练，有时也需要陪练。除了这种技术和身体上的训练，常见的训练还包括长跑和自重训练。泰拳选手还需要密切关注自己的腹部区域的肌肉。

泰拳训练

辅助训练

手靶训练

重袋训练

扭打训练

炼体

对打和练习赛是泰拳训练的组成部分，泰拳选手还会经常使用几种辅助训练方法。无论是与同伴协作进行手靶训练，还是以重袋为道具进行训练，都是提高技术和耐力的好方法。扭打训练对于提升在泰拳比赛中取得好成绩所需的力量和技术非常重要。炼体包括通过抵抗拳击和踢腿的攻击，以增强身体的抗击打能力，在比赛中，泰拳选手需要这种坚强的意志和抗击打的素质。

1. 伸膝俯卧撑

起始时呈俯卧撑姿势，手握拳撑地。

保持背部挺直，慢慢屈曲肘关节，降低躯干。

身体下降后，将一侧的膝关节抬至同侧的肘关节处。

腿部回到起始位置，然后伸展肘关节，回到起始姿势。

2. 踢腿俯卧撑

起始时呈俯卧撑姿势，手握拳撑地。

保持背部挺直，慢慢降低躯干。

身体下降后，膝关节保持伸直，将一侧腿踢至体侧。

踢出的腿移回至起始的位置。

肘关节伸展，回到起始姿势。

3. 膝关节反向伸展俯卧撑

起始时呈俯卧撑姿势，手握拳撑地。

保持背部挺直，慢慢降低躯干。

肘关节伸展，恢复至起始姿势，然后将一侧的膝关节移至对侧的肘关节处。

腿部回到起始位置，然后换腿重复动作。

4. 悬体膝关节伸展（体侧）

起始姿势：身体悬挂于单杠上，掌心朝前，肘关节和膝关节伸直。一侧膝关节在体侧尽可能向上抬。脚趾钩起，膝关节屈曲。

慢慢降低腿，然后换另一侧的腿重复动作。

5. 悬体膝关节伸展（体前）

起始姿势：悬挂于单杠上，掌心朝前，肘关节和膝关节伸直。一侧膝关节在体前尽可能向上抬。脚趾钩起，膝关节屈曲。

慢慢降低腿，然后换另一侧的腿重复动作。

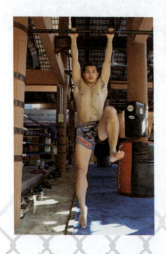

6. 悬体收腹屈膝

起始姿势：悬挂于单杠上，掌心朝前，肘关节伸直，膝关节微屈。

两膝抬至胸部高度。慢慢降低腿，然后重复动作。

7. 悬体交替收腹抬腿

起始姿势：身体悬挂于单杠上，掌心朝前，肘关节伸直，膝关节微屈。一条腿抬至腰部高度，膝关节保持伸展。

将腿降低至起始位置，然后换另一条腿重复动作。

8. 悬体收腹抬腿

起始姿势：身体悬挂于单杠上，掌心朝前，肘关节伸直，膝关节微屈。

双脚抬至高于水平位置，膝关节保持伸展。

慢慢将腿降至起始位置，然后重复动作。

9. 悬体收腹抬腿转体

起始姿势：身体悬挂于单杠上，掌心朝前，肘关节伸直，膝关节微屈。

扭转腰部，两膝向一侧移动。

返回起始姿势，然后在另一侧重复动作。

10. 悬体双腿剪踢

起始姿势：身体悬挂于单杠上，掌心朝前，肘关节伸直，膝关节微屈。双脚抬至腰部高度，保持膝关节伸展。

在此姿势下，双脚并拢，然后呈"剪刀"样分开。重复所要求的动作。

然后慢慢回到起始姿势。

轮胎

轮胎用作加强腿、脚的力量和耐力，以及训练步法和平衡性的工具。传统的泰拳训练营使用普通汽车轮胎进行训练。在使用轮胎训练期间，泰拳武者会进行几种不同的跳跃组合。

11. 轮胎单腿宽跳

起始姿势：站立，双手呈格斗姿势，双脚立于轮胎两侧的顶部。

跳起至空中，然后以相同的姿势落回轮胎。

重复动作，可以按时间完成，或规定动作次数。

12. 轮胎单腿窄跳

起始姿势：站立，双手呈格斗姿势，双脚立于轮胎顶部，一只脚在前，另一只脚在后，呈窄式姿势。

跳起至空中，然后以相同的姿势落回轮胎。

重复动作，可以按时间完成，或规定动作次数。

13. 轮胎单腿交替宽跳

起始姿势：站立，双手呈格斗姿势，双脚立于轮胎两侧的顶部。

一只脚稍前，另一只脚稍后。

跳起至空中，然后以相反的姿势落回轮胎。重复动作，可以按时间完成，或规定动作次数。

14. 轮胎单腿交替窄跳

起始姿势：站立，双手呈格斗姿势，双脚立于轮胎两侧的顶部，一只脚在前，另一只脚在后，呈窄式姿势。

跳起至空中，然后以相反的姿势落回轮胎。重复动作，可以按时间完成，或规定动作次数。

15. 上下剪刀腿

起始姿势：仰卧，双手紧扣于头后。双脚抬至空中，双腿保持伸直。

上下交替踢腿。

16. 双脚向上仰卧卷腹

起始姿势：仰卧，膝关节屈曲，双脚抬至空中，双手紧扣于头后。

头部和肩部直接向上抬离地面。

慢慢回到起始姿势。

17. 双脚向下仰卧卷腹（常规仰卧卷腹）

起始姿势：仰卧，膝关节屈曲，双脚平放于地面，双手紧扣于头后。

头部和肩部直接向上抬离地面。

慢慢回到起始姿势。

18. 沿大腿仰卧卷腹

起始姿势：仰卧，膝关节屈曲，双脚平放于地面，双手置于大腿上。

头部和肩部抬离地面，双手沿大腿向膝关节滑动。

慢慢回到起始姿势。

19. 脚踏车

起始姿势：仰卧，双腿伸直，双手紧扣于头后。

抬起一侧膝关节，然后尝试用其触碰对侧肘关节。

回到起始姿势，然后在另一侧重复动作。

20. 侧向剪腿

起始姿势：仰卧，双手紧扣于头后。双脚抬至空中，双腿微屈。

从一侧向另一侧交替踢腿。

21. 单腿膝关节击打架桥

起始姿势：仰卧，一只脚置于地面，另一只脚置于空中。触地脚蹬地，臀部从地面抬起。

髋关节伸展，离地腿的膝关节尽可能高地抬至空中。慢慢返回地面，然后重复动作。

22. 单腿前踢架桥

起始姿势：仰卧，一只脚置于地面，另一只脚置于空中。触地脚蹬地，臀部从地面抬起。

髋关节伸展，离地腿尽可能地往高踢。慢慢返回地面，然后重复动作。

23. 板上仰卧起坐

　　起始姿势：仰卧于板上，双手紧扣于头后，双腿扣于板上。

　　从板上抬起上身，头部靠近膝关节。慢慢降低上身，然后重复动作。

24. 板上转体仰卧卷腹

　　起始姿势：仰卧于板上，双手紧扣于头后，双腿扣于板上。

　　上身从板上抬起并靠近膝关节。

　　上身抬起至合适位置后，转体，使一侧的肘关节尽量去触碰膝关节。

　　逆向转体，慢慢降低上身，然后重复动作。

25. 板上仰卧卷腹交替出拳

起始姿势：仰卧，双手呈防守姿势，双腿扣于板上。

上身从板上抬起并靠近膝关节。

上身抬起至合适位置后，伸展一只手臂，出直拳。

缩回手臂，慢慢降低上身，然后换另一只手臂重复动作。

26. 板上倒立

起始姿势：在板上倒立，身体与地面保持垂直，只有头部和肩部与板接触。

保持对板的抓握的同时，在空中降低髋关节和双腿，使身体达到水平姿势。

慢慢回到起始姿势，然后重复动作。

27. 板上持重物俄罗斯转体

起始姿势：坐姿，将杠铃片置于胸前，双腿扣于板上。

保持杠铃片靠近胸部，上身向一侧旋转。

回到起始姿势，转体至另一侧，然后重复动作。

28. 板上举髋

起始姿势：在板上仰卧，双腿垂直于躯干，后背中上部与板接触。

保持对板的抓握的同时，将髋关节和双腿上抬，形成挺直的垂直姿势。

慢慢降低身体，回到起始姿势，然后重复动作。

29. 毛巾施力颈部等距用力抬头

起始姿势：站立，双手于体前握毛巾，毛巾置于头后。

双手施力，头部向后伸展抵抗双手施加的力，让毛巾保持在伸展状态。

一段时间后，放松双手，然后重复动作。

30. 毛巾施力颈部等距用力低头

起始姿势：站立，双手于体前握毛巾，毛巾置于头后。

头部向前屈，双手施力，头部用力抵抗双手施加的力，同时保持头部前屈的位置不变。

一段时间后，放松双手，然后重复动作。

31. 头悬重物颈部屈曲和伸展

举起一块用绳子穿过中心的杠铃片。

将绳子放入口中，用牙齿紧紧咬住。

有控制地放开手，释放杠铃片，然后头部向前屈。

慢慢向后伸展头部，然后重复动作。

32. 头悬重物颈部旋转

举起一块用绳子穿过中心的杠铃片。

将绳子放入口中，用牙齿紧紧咬住。

有控制地放开手，释放杠铃片，然后头部向前屈。慢慢将头部向后伸展，然后旋转至一侧。

返回至起始姿势，然后在另一侧重复动作。

1分钟踢腿武者挑战

　　这项武者挑战是在1分钟内完成尽可能多的泰拳踢腿。该挑战可以评估武者身体整体的耐力（特别是腿部和核心部分的耐力）以及进行强力腿部击打的能力。泰拳踢腿是综合格斗中的一种常用的击打方式。未经过踢腿技术和耐力训练的武者在第一次尝试这项挑战时可能会明显感到疲惫。通过本书中的练习以及实际的泰拳训练，您将逐渐提高踢腿能力。

1分钟武者挑战规则

　　（1）面对沙袋或者手靶支架，双脚置于地面。

　　（2）启动计时器，然后仅用一条腿反复踢沙袋或手靶，持续1分钟。

　　（3）脚未离地、踢沙袋或手靶后就返回地面的不完整踢腿均不计数。

　　（4）您可以随时休息，但计时不会停。

　　（5）1分钟后停止计数，然后在本书后面的武者挑战评分表上记录您的分数。

马丁向罗格斯大学摔跤队队员演示俯卧撑变化。

四

摔跤

摔跤的历史比其他任何运动的历史都更久远。摔跤让选手懂得自我控制，并给选手带来自豪感。有些人不具备良好的技能，但仍然可以参与到摔跤运动中，但没有自豪感的人是不会来参加摔跤运动的。

如果你曾经参加过摔跤比赛，那么生活中的其他一切都变得很容易。

——丹·盖布尔（Dan Gable），1972 年奥运会金牌得主，
执教的艾奥瓦大学校队获得 15 次全国冠军

最重要的办法就是像疯子一样训练……真的要像个疯子。

——亚历山大·卡列林（Alexander Karelin），
俄罗斯运动员，曾 3 次获得奥运会金牌，9 次获得世界锦标赛金牌

摔跤的 7 项原则

20 世纪 80 年代，美国摔跤队拟定了 7 项基本原则，旨在成为训练初级水平至奥运级别水平摔跤手的标准。

（1）姿势：摔跤手在摔跤或训练时的身体姿势。

（2）动作：创造攻击和防守机会的双脚和身体运动。

（3）水平变化：高效地屈曲腰部和膝关节，训练进行适当攻击的技能。

（4）渗透：适当的前进动作有助于抓住并控制对手的身体。

（5）提升：使用适当的技能举起对手，然后将他摔倒在垫子上。

（6）后退：通常情况下，后退动作见于任何一种手臂摔投。

（7）拱形和转体：摔跤手试图将对手的肩胛骨固定或暴露在垫子上。

摔跤是一项古老的运动，两名摔跤手试图将对方摔倒在地，然后将对方的双肩固定在垫子上。虽然历史上有数百种摔跤形式，但目前只有两种摔跤形式被认可为奥运会单项赛事：古典式摔跤和自由式摔跤。这两种摔跤的最终目标是将对手的双肩固定在垫子上。如果未达到此目的，摔跤手可在比赛中依靠赢得更多积分而获胜。除了这两种摔跤的训练，综合格斗运动员还会进行学院派摔跤训练。

学院派摔跤与自由式摔跤十分相似。不同的区域每年会举办各自的摔跤锦标赛。除4年一届的奥运会外，世界摔跤锦标赛每年举办一次。

历史

借助浮雕和绘画中所展示的古代文化艺术，摔跤可追溯至数千年前。摔跤还是一项历史悠久的古代奥林匹克运动，其历史可追溯至公元前708年，并且被认为是当时最受欢迎的运动之一。

罗马人改良了源自古希腊的摔跤，取消了其中的一些行为，但仍保留了许多规则。摔跤运动在中世纪已传播至世界大多数地区，许多那时形成的民间风格留存至今。这对于后来出现的自由式摔跤的发展非常重要。

早期的美洲定居者为摔跤带来了众多民间风格。在所有的摔跤形式中，兰开夏（也称为全力捕捉）在美国的早期发展中流行起来，成为一

项在集会和节日中非常受欢迎的赛事。据记录，许多美国前总统也练习摔跤。

自由式摔跤在美国得到了良好的发展，而古典式摔跤在欧洲很受欢迎。当1896年再次举行现代奥林匹克运动会时，摔跤比赛只有一场，即一场古典式摔跤比赛。1900年的奥运会取消了摔跤，然后又在1904年奥运会中恢复。自1920年以来，每届奥运会都有古典式摔跤和自由式摔跤比赛，且比赛的体重级别划分和竞技规则等方面发生了很大的变化。如今其他国家仍然存在许多民间摔跤形式，如瑞士的施文根传统摔跤（Schwingen）、冰岛的维京摔跤（Glima）和印度的泥地摔跤（Kushti）等。目前大多数综合格斗的优秀运动员都会受到一种或两种奥运比赛项目的深远影响。

摔跤常见技巧

古典式摔跤和自由式摔跤共有6种类型的定式或动作，这些技巧都常用于综合格斗比赛，具体如下。

（1）摔倒：将对手从站立位置摔倒在垫子上获胜。流行的摔倒技巧有单腿、双腿、过胸摔和背负式摔击等。

（2）骑乘：这是控制处于下方位置的对手的优势姿势。综合格斗中常用的摔跤式骑乘动作常称为"双腿"或"双钩"。顶级选手能从对手身后用双腿钩住对手的双腿，使其疲劳而被控制。

（3）翻转：用于在垫子上从下方位置移至上方位置，以防守姿势控制对手。综合格斗中常用的翻转动作是起桥。

（4）防守：可以阻止对手前进或摔倒对手。常见的防守动作包括下压防摔、离心扣、用头顶住对手等。

（5）逃脱：逃避对手控制并获得中立姿势的方法。摔跤中常用的逃脱方法也可用于综合格斗，包括坐击、站立、侧滚翻摆脱和离心扣等。

（6）固定对手的方法组合：用于将对手的双肩按在垫子上。虽然综合格斗中并不常用摇篮式过肩摔或单臂扼颈等流行的固定对手的方法组合，但控制躺倒在地的对手是固定对手的方法组合的一项技能。

规则

摔跤比赛在铺有垫子的地面上进行。摔跤垫的表面易于抓握，厚度足以降低摔投和摔倒时摔跤手受伤的概率。每名摔跤手都会根据自身体重来参加相应重量级别的比赛，以确保参与同一重量级比赛的摔跤手在比赛期间的体重大致相同。目前的古典式摔跤和自由式摔跤的重量级别为55公斤至120公斤。摔跤比赛为三局两胜制，每局以 0 比 0 开始。如果每名摔跤手各赢得一局，那第三局，也就是最后一局，将决定摔跤比赛的获胜者。每局的评分不累加。

如在比赛相持期间正确应用一些方法，可立即获胜。如果比赛未以摔倒结束，那么摔倒和翻转等其他技术可使摔跤手得分，甚至可使摔跤手获胜。对手暴露但未摔倒、对手的后背接触垫子等也可使摔跤手得分。比赛期间处罚违规行为也可奖励得分。裁判根据技术水平、爆发性及风险程度，对摔倒和暴露进行评分。逃脱以及将对手从垫子上举起曾是一种得分方式，但自 2004 年规则发生变化后，就不再如此了。

制服

摔跤手穿着连体服。这是一种连体氨纶服饰，可覆盖摔跤手的大腿上部、腹部和腰部。连体服紧紧包裹在身体周围，摔跤手在比赛期间不得抓握或拉扯连体服。摔跤手还会穿特制的摔跤鞋，鞋底非常轻薄，可在垫子上移动，产生抓地力。除这两件装备外，某些级别的摔跤手（如大学生和中学生）还会被要求戴头盔，以保护耳朵。但在奥运会的摔跤比赛中，不允许戴头盔。

用于综合格斗的摔跤

击倒对手，并使对手躺倒在地是高水平综合格斗运动员的必备技能。

在过去的 10 年中，摔跤手在综合格斗领域里取得了巨大成功。通过艰苦的身体训练，摔跤可使运动员具

备很高的心理韧性。这种心理韧性，以及运动能力和"地面意识"，使摔跤成为想涉猎综合格斗领域的运动员应该掌握的另一种格斗技术。

有许多的摔跤手在涉猎综合格斗术后取得了巨大成功，包括 UFC 优秀运动员兰迪·科图雷（Randy Couture）、布罗克·莱斯纳（Brock Lesnar）、马特·休斯（Matt Hughes）、马克·科尔曼（Mark Coleman）、马克·克尔（Mark Kerr）、拉沙德·埃文斯（Rashad Evans）、乔希·科舍克（Josh Koscheck）、丹·亨德森（Dan Henderson）和马特·林德兰德（Matt Lindland）。

摔跤手的身体要求

摔跤手的身体需要具备强大的力量、速度、平衡性和协调能力，所有这些都建立在极强的耐力基础之上。业余摔跤手在 1 个比赛日可能有多达 6 场或更多场比赛，故摔跤手必须具备在 1 天内击败多个对手的力量和耐力。与任何受重量等级制约的运动一样，相对力量和速度也是摔跤中明显的优势。摔跤手必须特别注意腿部、核心和颈部的力量。顶级摔跤手的这些部位需要得到非常有效的训练。

摔跤训练

1. 头手倒立

起始姿势：身体倒立，头、手撑地。

双腿降低至一侧，然后回到起始姿势。

双腿降低至另一侧，然后回到起始姿势。

以跨骑姿势降低双腿，完成一组动作。

70　第Ⅰ部分　综合格斗术中的格斗技术

2. 登山者（窄）

起始姿势：后背挺直，呈俯卧撑姿势。

一只脚向前迈步，置于双手之间，保持髋关节处于低位。

双脚交替，完成一组动作。

3. 登山者（宽）

起始姿势：后背挺直，呈俯卧撑姿势。

一只脚向前迈步，置于同侧手的外侧，保持髋关节处于低位。

双脚交替，完成一组动作。

4. 俯身单腿跳

起始姿势：俯卧撑姿势，一只脚置于地面，另一只脚抬起至空中。

撑地脚跳至双手之间。

回到起始姿势，然后重复该动作。

5. 侧抬腿绕圈

起始姿势：双手和双膝触地，然后一条腿伸向侧面。

伸出腿在臀后抬高至与肩同高。

伸出腿向前移，然后放低，靠近但不触地。

伸出腿放回臀后，完成绕圈动作。

6. 四肢伸展俯卧

　　起始姿势：摔跤的准备姿势，膝关节屈曲，上身前倾，肘关节内收，双手向前。

　　双脚向后踢，同时跌倒在地，双手触地。

　　身体触地后跳起，回到起始姿势。

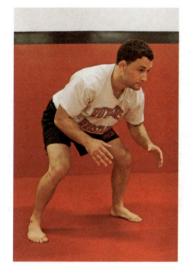

7. 单腿下蹲

　　起始姿势：单腿站立，双臂和另一条腿向前伸直。下蹲，腿和双臂依旧向前伸直以保持平衡。然后回到起始姿势。

8. 交错抓握俯卧撑

起始姿势：俯卧撑姿势，一只手距离身体远于另一只手距离身体。

保持背部挺直，慢慢地降低躯干。

肘关节伸展，回到起始姿势。

9. 屈膝至肘俯卧撑

起始姿势：俯卧撑姿势，背部挺直。

肘关节屈曲，慢慢降低躯干。

降低身体后，一侧膝关节向同侧肘关节移动。

腿回到原来位置，然后肘关节伸展，回到起始姿势。

10. 直腿脚踏车

起始姿势：仰卧，双手扣于头后，膝关节伸直。

抬高右腿，同时左肘向右侧膝关节扭转。

抬高左腿，同时放低右腿，然后右肘向右侧膝关节扭转。

11. 颈部前推同伴

同伴体前站立，耳朵靠在同伴胸前。

用头推同伴的身体，使其退后一步。

换一侧耳朵，然后按规定的次数重复该动作。

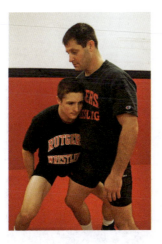 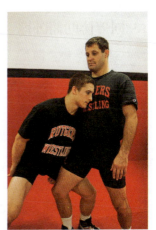

12. 颈部后推同伴

面朝同伴站立,颈部位于同伴腋下。

头部用力压住同伴的身体,身体稍转至同伴外侧。

使同伴向前移动时,颈部继续侧弯以推其后背。

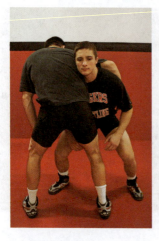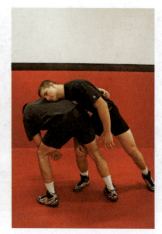

13. 同伴协助俯卧撑

起始姿势:仰卧,同伴与您双手相扣,双手置于您的胸部上方。肘关节屈曲,使伸直的肘关节降低。

肘关节伸展,将同伴推回起始姿势。同伴在上方进行俯卧撑时,保持肘关节伸展。

14. 同伴核心扭转

起始姿势：站立，将同伴横背于后背。

膝关节稍屈曲，将同伴转至一侧。

回到起始姿势，然后转至另一侧，以完成练习。

15. 抱同伴下蹲

起始姿势：站立，将同伴横抱于体前。

膝关节、踝关节和髋关节屈曲，慢慢下蹲。

大腿降至平行于地面，然后返回起始姿势。

16. 绕同伴后背旋转

只用双脚触地，胸部置于同伴背部。用胸部和双手接触同伴的身体，保持平衡的同时，绕着跪着的同伴身体"旋转"。

完成所需次数的旋转，然后以相反的方向重复动作。

17. 背同伴起立

起始姿势：小脚和前臂触地，同伴位于后背。

双手触地保持平衡，先用一条腿起立，再用另一条腿。

慢慢站起来，抬高背后的同伴。

逆向进行动作，回到起始姿势。

18. 绕同伴空翻

趴在同伴后背上，双脚触地，双手置于同伴靠近您的一侧。

胸部紧贴同伴的背部向前滑动，然后双腿腾空并翻过同伴的身体。

双脚在同伴另一侧触地。

用双手和腹部带动双腿，翻转回到起始姿势。

19. 抱同伴横摆

起始姿势：站立，与同伴相互反抱身体。

将同伴抬起并使其逆时针翻转360度，然后将其放下。

20. 同伴翻筋斗

起始姿势：同伴仰卧且双腿抬起，您双腿分开，双脚分别位于同伴双肩处，抓住同伴踝关节，同伴也要抓住您的踝关节。

握住同伴的踝关节后，身体向前倾，头内收，做前滚翻。

同伴位于您身后时，从您身上翻过，您回到起始姿势。

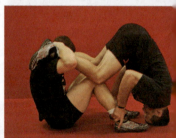

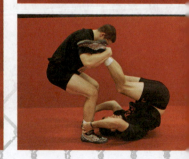

21. 同伴协助仰卧起坐至站立

起始姿势：仰卧，双手置于头部两侧，同伴握住您的踝关节。

双臂向前移动，进行仰卧起坐，双脚承受自身体重。

达此姿势后，完全站立起来。

反向进行相同动作，然后回到起始姿势。

22. 同伴协助后仰摔

起始姿势：站立于同伴身旁，同伴握住您的一只手臂。

身体后仰时，向前踏步。

用脚趾撑地，直到头几乎触地。

在同伴的帮助下，回到起始姿势。

23. 抱同伴站起

起始姿势：身体位于同伴上方，呈防守姿势，抬起一侧膝盖，同侧脚撑地。

将同伴从地上抱起。抬起另一侧膝盖，同侧脚撑地，完全站起来。

身体慢慢放低，回到起始姿势。

24. 同伴协助快速站立

起始姿势：双膝跪地，双手撑地，同伴坐于自己的上背部。

尽可能快地站起来，将同伴推至空中。

双脚站立，然后回到起始姿势。

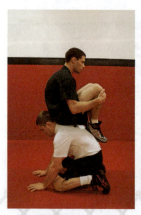

25. 同伴协助硬拉

起始姿势：同伴侧卧，双手互扣，双腿屈曲，双脚交叉。

蹲在同伴的身后，并用手抓住他。

抓牢后站起来，将同伴从地面抬起。

慢慢将同伴放低，回到起始姿势。

26. 向后头部支撑（双手撑地然后松手）

起始姿势：仰卧，膝关节屈曲，双手置于地面。臀部抬至空中，头顶置于地面，双手和双脚支撑。

保持规定的时间，然后回到起始姿势（双手移开地面，增加难度）。

27. 向后头部支撑（头侧转）

起始姿势：仰卧，膝关节屈曲，双手置于腹部。臀部抬至空中，头顶触地，双脚支撑。

颈部侧弯，使一只耳朵接触地面。

每侧重复所需的次数，然后回到起始姿势。

28. 头部支撑旋转

起始姿势：头部支撑姿势，双脚移至右侧。

移动数米后，双腿翻转至体后，形成向后头部支撑姿势（双脚和头部接触地面）。

继续沿相同方向（现在为左侧）移动双脚，然后将双腿翻转至体前，形成原来的头部支撑姿势。

29. 头部支撑后空翻

起始姿势：向后头部支撑姿势。

双手撑地，双脚"跳起"至身体上方。

双脚翻过头部，落地后呈向前头部支撑姿势。

30. 向后头部支撑俯卧撑

起始姿势：向后头部支撑姿势，双手、双脚和头部触地。

双手和双脚向下用力，使头部离开地面，髋关节向上移动。

慢慢降回起始姿势。

31. 同伴协助头部支撑

起始姿势：向后头部支撑姿势，双肩置于地面，同伴坐在大腿上。

臀部向上抬至空中，身体的重量移至头顶。

保持 5~10 秒，然后回到起始姿势。

32. 手交错引体向上

起始姿势：身体悬挂于单杠上，肘关节屈曲。

双手交错握杆，每次变换一只手的握法。

身体保持相同姿势，然后重复所需次数。

33. 手握单杠身体悬空转身

起始姿势：身体悬挂于单杠上，肘关节屈曲，手掌朝前。

变换一只手的握法，使身体朝某一方向旋转。

变换另一只手的握法，与前一只手的握法相同。

再次变换双手的握法，直至转身成原始姿势。

重复所需的转身次数。

34. 增强式握法变换

起始姿势：身体悬挂于单杠上，肘关节屈曲，一只手掌心朝前，另一只手掌心朝后。

快速将胸部拉过单杠，然后松开双手。

用相反的握法抓住单杠，然后重复所需次数。

35. 弓背双侧握引体向上

在单杠上放置一个双侧抓握辅助设备。

起始姿势：身体悬挂于双侧抓握辅助设备。

当头部向后移动至单杠下方时，将胸部拉至双手位置。

慢慢降回起始姿势。

36. 引体向上伸单臂

起始姿势：身体悬挂于单杠上，肘关节伸展，掌心朝前。

尽可能快地将胸部拉到单杠以上。

当拉至最高位置时，尽力向上伸出一只手臂。

在下落过程中重新抓握单杠，然后回到起始姿势。

37. 引体向上身体侧移

起始姿势：身体悬挂于单杠上，双手宽握，掌心朝前。

朝一只手的方向引体向上。

将头拉过单杠，然后沿弧线将身体移至另一只手的方向。

降低到起始姿势，然后重复动作。

38. 悬身收腹横摆

起始姿势：身体悬挂于单杠上，双手分开至与肩同宽，掌心朝前。

双脚向一侧抬至空中。

扭转腰部，使双脚移至另一侧。

重复所需次数，然后回到起始姿势。

39. 冲刺仰卧起坐

　　起始姿势：仰卧，双腿伸直，肘关节呈90度，置于体侧。

　　坐起来的过程中，抬起一侧膝关节，对侧肘关节前移，同侧肘关节后移。

　　降低至起始姿势，然后换相反方向重复动作。

40. 单手持哑铃土耳其式仰卧起坐

　　起始姿势：仰卧，单手持哑铃，置于头顶，同伴按住踝关节。

　　哑铃保持在头顶以上，向同伴方向坐起。

　　身体慢慢降低，返回起始姿势。

41. 持哑铃摔跤手式弓步

起始姿势：站立，双手各持一个哑铃。

向前迈出一条腿，然后降低身体，直至后腿膝关节几乎触地。

将两只哑铃在前腿下方的空间触碰。

双脚收回并拢，然后回到起始姿势。

42. 持哑铃俯身弓步走

起始姿势：呈弓步姿势，双手各持一个哑铃。

保持身体高度不变，慢慢向前走。

在不改变高度的情况下，行走所需的步数或距离。

43. 单手举哑铃至肩

起始姿势：站立，单手持哑铃。

膝关节屈曲，臀部稍降低，然后向上"跳跃"。

利用跳跃产生的动力，将哑铃举至肩部。

慢慢降回起始姿势。

  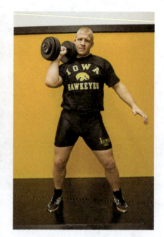

44. 单手举哑铃过头

起始姿势：站立，单手持哑铃。

膝关节屈曲，臀部稍降低，然后向上"跳跃"。

利用跳跃产生的动力，将哑铃举至头顶以上。

慢慢降回起始姿势。

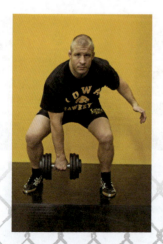  

45. 持哑铃土耳其式仰卧起坐

起始姿势：仰卧，膝关节屈曲，持一个哑铃，置于头部上方。

哑铃保持在头部上方，坐起，一只手撑地。

撑地手抬起，同侧膝关节触地且小腿向后，双膝屈曲90度，呈半跪姿势。

跪地的膝关节伸直站起，保持一段时间后，返回起始姿势。

46. 举哑铃至肩然后下蹲

起始姿势：站立，两手各持一个哑铃。

髋关节稍降低，然后向上"跳跃"。

利用跳跃产生的动力，将哑铃举上肩部。

下蹲，哑铃保持在肩部。

站起，然后将哑铃恢复至原来的位置。

47. 持哑铃俯卧撑后划船

起始姿势：双手各握一个哑铃，呈俯卧撑姿势。

在控制下降低躯干，保持背部挺直。

肘关节伸展，身体达到最高位置时，将其中一个哑铃向上拉至胸部。

在控制下降低哑铃，返回起始姿势。

48. 持哑铃俯卧撑后侧踢

起始姿势：双手各握一个哑铃，呈俯卧撑姿势。

在控制下降低躯干，保持背部挺直。

肘关节伸展，身体达到最高位置时，将重心置于一只手，然后踢出对侧脚。让踢出脚努力触碰其同侧手臂。

触碰后，返回起始姿势。

49. 俯身硬拉

起始姿势：俯身，双手握杠铃，与肩同宽。

快速站起呈硬拉姿势，使双脚置于杠铃杆下，髋关节保持低位。

尽可能快地站起来。

在控制下降低身体，俯身回到起始姿势。

50. 俯身高拉

起始姿势：俯身，双手握杠铃，与肩同宽。

快速站起呈硬拉姿势，使双脚置于杠铃杆下，髋关节保持低位。

尽可能快地站立，将杠铃拉到下颌高度。

在控制下降低身体，俯身回到起始姿势。

51. 俯身挺举杠铃至肩

起始姿势：俯身，双手握杠铃，与肩同宽。

快速站起呈硬拉姿势，使双脚置于杠铃杆下，髋关节保持低位。

尽可能快地站起来，将杠铃挺举至下颌高度。

慢慢降低身体，俯身回到起始姿势。

52. 持杠铃泽奇深蹲

起始姿势：站立，杠铃置于肘关节屈曲处。

保持姿势的同时，下蹲至肘关节几乎触及膝关节。

双脚向下用力，回到起始姿势。

53. 持杠铃泽奇弓步

起始姿势：站立，杠铃置于肘关节屈曲处。

一条腿向前迈步，降低身体，使后腿膝盖几乎触地。

前脚向下用力，回到起始姿势。

54. 挺举

起始姿势：站立，杠铃置于肩部。

快速降低身体，然后以爆发力尽可能快地将杠铃举过头顶。

当杠铃向上移动时，快速分脚，放低髋关节。

杠铃达到最高处后，在控制下将杠铃降低，回到起始姿势。

55. 单臂持杠铃弯举

起始姿势：站立，单手持杠铃。

空闲的手置于背后，以保持稳定。

将杠铃弯举至下颌高度，同时保持平衡和控制。

慢慢降低杠铃，回到起始姿势。

56. 单臂持杠铃推举

起始姿势：站立，杠铃置于肩部。

将杠铃慢慢旋转至与身体在同一平面内，同时用力将杠铃举过头顶，至手臂完全伸直。

慢慢降低杠铃，回到起始姿势。

57. 同伴协助双臂俯卧撑

起始姿势：身体悬挂于单杠上，同伴将您的双脚抬至空中。

将胸部拉至单杠高度，然后将手掌旋转至单杠顶部。

在此姿势下伸展肘关节，然后用力抬高胸部越过单杠。

逆向进行动作，回到起始姿势。

58. 持哑铃肱三头肌滚展

起始姿势：仰卧于长凳，肘关节伸展，两手各持一个哑铃。

肘关节屈曲，然后将哑铃降低。

肘关节向上，然后逆向进行动作。

肘关节置于两侧，然后将哑铃举过头顶，返回原始位置。

59. 卷腕器

起始姿势：站立，双手持卷腕器（可用简单的棍子、绳子和杠铃片制作）。

两个手腕交替屈曲和伸展，使绳子绕在棍子上。

手腕滚转，直至杠铃片升至棍子上。

然后反方向转动，直至杠铃片回到原来的位置。

60. 手脚辅助攀绳

起始姿势：双手和双脚抓绳，身体悬空。

保持手脚抓绳，沿绳索爬至所需高度。

在控制下将身体放回起始高度，然后重复动作。

61. 手辅助攀绳

起始姿势：手抓绳，身体悬空。

仅用手抓绳，沿绳索爬至所需高度。

在控制下将身体放回起始高度，然后重复动作。

2分钟地板翻转武者挑战

　　这项武者挑战的内容是在2分钟内尽可能多地完成地板翻转。这项挑战是对一个武者的力量、耐力、转身速度的综合测评。在挑战中所应用的技巧，也是在摔跤或地面缠斗时常用的技巧。如果您是第一次进行这项武者挑战，可能成绩不会尽如人意。但这项武者挑战以及随后的武者挑战，都可以帮助您循序渐进地增加能够完成翻转的总数。

2分钟地板翻转武者挑战规则

　　（1）如图所示，用2根棍子测量每次地板翻转的脚距。

　　（2）当挑战者双脚开立，呈俯卧撑姿势时，启动计时器。

　　（3）在2分钟内两侧交替完成尽可能多的地板翻转。

　　（4）脚未触碰棍子时，这个地板翻转动作无效。

　　（5）您可以随时休息，但计时不会停。

　　（6）2分钟后停止计数，然后在本书后面的武者挑战评分表中记录您的分数。

马丁专注地看着他的拳击教练，教练正在给他一些建议和指导。

五

拳击

请再坚持一个回合。当您的手臂太酸，几乎无法抬起手进行防守时，请再坚持一个回合。当您的鼻子流血、眼睛青肿时，当您感到太累了，觉得对手可能把您的下颚打裂，把您打晕时，请再坚持一个回合。记住，总是多坚持一个回合的人，永远不会倒下。

——詹姆斯·科比特（James Corbett），"绅士吉姆"，现代拳击之父，

1892 年昆斯伯里（Queensbury）规则下的首位重量级冠军

昆斯伯里规则

（1）在直径为 7 米或尽可能接近此尺寸的圆形场地内进行拳击赛。

（2）不得摔跤或搂抱。

（3）每回合持续 3 分钟，回合之间休息 1 分钟。

（4）如果任何一名选手因无力或其他原因倒地，则必须在 10 秒内独立站起，另一名选手回到角落等候；倒地的选手站起来时，该回合比赛将恢复进行，然后继续至 3 分钟回合结束。如果一名选手在规定的 10 秒未能站起来，裁判就宣布另一名选手获胜。

（5）如果一名选手身体悬挂在围绳上，而双脚离地，裁判可以判定此选手为倒地状态。

（6）在比赛回合期间，场地中不允许有任何其他人。

（7）如果存在任何不可避免的干扰阻止比赛，除非双方的支持者同意抽签，否则裁判应尽快指定时间和地点完成比赛，以决定胜负。

（8）手套为大小合适的最优质拳击手套。

（9）如果手套爆裂或脱落，必须更换，直至裁判认可为止。

（10）选手单膝跪地属于被打倒。同样，如果选手被逼到角落，也属于被打倒。

（11）不得穿有弹簧的鞋子或靴子。

（12）比赛的所有其他方面规则均可参考伦敦荣誉擂台规则（London Prize Ring Rules）。

拳击，也称西方拳击或"甜蜜的科学"，最初是一项古代奥林匹克运动，可追溯至公元前 700 年左右。在 19 世纪大受欢迎之后，今天的拳击成为一项举世闻名的运动。在拳击运动中，2 人在绳索围成的圆形场地内，在 3 分钟一回合的比赛时间中只用戴着手套的拳头进行相互竞争或"拳击"，最终目标是用击倒、技术性击倒或裁判评判等方式击败对手。1904 年，拳击被列入现代奥林匹克运动项目，全世界有数百万拳击运动员。

历史

"用拳击打"可追溯到人类发展之初，人们已经发现了源自古希腊和古代奥运会的相关文物记载。拳击在罗马时代也很流行。与希腊人用裸拳进行拳击不同，罗马人用皮革包裹双手进行拳击，也许是为了保护双手免受伤害或不伤害对手。

尽管在中世纪人们对拳击的兴趣日渐衰退，但在 17 世纪晚期，人们又恢复了对拳击的兴趣。继 1681 年第一次有记录的比赛之后，这项运动的受欢迎程度逐渐上升。此后规则开始出现，其中有两套规则对塑造今天的现代拳击运动特别重要。首先是 1743 年为保持该项运动的秩序而制定的原始布劳顿规则。这套原始规则仍然保持裸拳规则进行比赛，但是取消了该项运动中曾经被允许的一些行为，例如击打腰带以下的部位、穿尖头鞋、头部撞击和咬人等。布劳顿引入了 30 秒计数规则，他也是第一个尝试使用拳击手套（称为"mufflers"）保护拳击运动员的双手和头部的人。因此，他常被称为"现代拳击之父"。

布劳顿规则一直被使用到拳击规则发生革命性变化。1865 年，约翰·肖尔托·道格拉斯（John Sholto Douglass）支持约翰·钱伯斯（John Chambers）制定的一套新的拳击规则。更为人所知的昆斯伯里规则结束了拳击的裸拳时代，后来又出现了今天使用的每回合持续3分钟以及每回合之间休息1分钟的规则。

随着工业革命的发展，拳击逐渐成为平民运动，整个英国和美国的拳击手人数不断增长。随着拳击受欢迎程度的增加，人们创建了重量级以及管理组织，以监督这项运动的开展。1904年，拳击被接纳为一项现代奥林匹克运动。如今，来自世界各地的拳击手不断争夺世界冠军。目前在专业级别中，有4个不同的理事机构：国际拳击联合会（IBF）、世界拳击协会（WBA）、世界拳击组织（WBO）和世界拳击理事会（WBC）。

重要的拳击格言

（1）随时保护自己。
（2）不要击打一名倒地的选手。
（3）不要击打腰带以下的部位。

常见的拳击技巧

综合格斗术中广泛应用了拳击中常用的5种打击技术。具体如下。

（1）前手直拳：这是每名拳击手必备的技能。用前手直接快速出拳，以对对手造成伤害、改变时机和测量距离。

（2）后手直拳：拳击手的有力出拳。用后手进行更长、更直接的出拳，可对对手造成最大伤害。

（3）摆拳：拳击手的"奇袭"拳。用任意一只手打出的弧线拳，用于攻击对手的头部和下颌侧面，改变进攻角度。

（4）上勾拳：拳击手的"毁灭性"出拳。这是一种强有力的向上出拳，旨在穿越某些防守，攻击对手的下颌，对其造成伤害。

（5）击打身体：拳击手的"软化"出拳。这是一种类似钩子的环形出拳，以攻击对手身体，对其造成伤害，并"弱化"头部的防御。

以上5种出拳方式可组合使用。可用不同的组合迷惑和攻击对手。

拳击手还可使用各种招式和假动作，以抵挡击打或避免被击中。众所周知，拳击手在防守中会使用"摇闪"和"侧闪"技能，步法也是控制比赛

节奏和展示赛场掌控能力的关键。

着装

所有拳击手必须穿短裤、鞋子、戴手套（护手带）、腹股沟保护器和护齿。根据不同的比赛级别，拳击手可能还需戴头盔，例如奥运会级别或业余级别。奥运会比赛期间拳击手还需要穿一件上衣。

拳击规则

拳击比赛每回合时间为 3 分钟，回合之间休息 1 分钟。虽然业余比赛和奥运会比赛为 3 个回合，但在冠军争夺战中，职业比赛可多达 4 回合到12 回合不等。

在拳击比赛中获胜有几种不同的方法。最终的方法是击倒，即将对手打倒在台上，使其在裁判 10 秒计数内不能重新站立。选手也可用"三次倒地规则"击败对手：1 回合比赛中在台上被打击倒地 3 次的选手会被判失败。

击倒的另一种方式称为技术击倒，如果选手无法进行防守，或者裁判、医生认为其无法继续进行防守，裁判可终止比赛。选手的场外教练也可"扔毛巾"，作为选手不愿或不能继续进行拳击的语言提示。除不同方式的击倒外，还可由裁判判定获胜

者。如果拳击进行很长时间，且未出现击倒，裁判会参考评委的记分卡确定获胜者。每回合比赛通常有 3 名裁判根据 10 分制系统进行评分。所有评委的记分卡中获胜回合数最多的选手为获胜者，如果获胜回合数相同，则宣布比赛为平局。

在综合格斗中应用拳击

与本书中所述的其他格斗技术不同的是，涉猎综合格斗的优秀拳击手很少。不参加拳击训练，就不可能成

为一名综合格斗家。随着综合格斗运动的发展，站立击打已在该项运动中占据主导地位。拳击已成为综合格斗家的关键技能。许多顶级综合格斗家选择顶级拳击教练来帮助自己提高手部技能。拳击训练不仅有助于发展拳击技能和力量，还有助于改善拳击手的步法，有助于通过"掌控赛场"来控制一场格斗赛。一位前 WBO 重量级拳击冠军和奥运会金牌得主雷·默瑟（Ray Mercer）已涉猎综合格斗，且战胜了综合格斗冠军赛冠军蒂姆·西尔维亚（Tim Sylvia）。尽管涉猎综合格斗的高水平拳击手不多，但今天有很多综合格斗家都曾参加过专业拳击比赛，包括综合格斗冠军赛选手延斯·普尔（Jens Pulver）、克里斯·莱特尔（Chris Lytle）、阿莱西奥·萨卡拉（Alessio Sakara）和马库斯·戴维斯（Marcus Davis）。

拳击手的身体要求

拳击手必须同时具备与耐力相匹配的速度、力量和爆发力。冠军争夺赛可持续长达 12 回合，因此心肺功能在拳击训练中是最重要的。这通常是通过艰苦的跑步训练以及在健身房中无数次的沙袋练习实现的。此外，还有加强上身、腿部和核心的体能训练。

拳击训练
速度球

重袋　　　　　　　　　　　　防滑袋

手靶训练

速度袋

拳击手除对打和参加实际比赛之外，还有几种不错的辅助训练。如利用速度球、重袋、防滑袋和速度袋进行训练。

教练辅助拳击手进行手靶训练几乎是每个拳击馆的常见训练形式。这些训练形式用于提高速度、耐力和技术。

1. 交错抓握俯卧撑

起始姿势：俯卧撑，一只手比另一只手伸出更远。

保持背部挺直，在控制下降低躯干。

肘关节伸展，回到起始姿势。

2. 单臂俯卧撑

起始姿势：俯卧撑，双脚分开与肩同宽，一只手撑地，另一只手置于背上。

保持背部挺直，在控制下降低躯干。

肘关节伸展，回到起始姿势。

3. 弯腰俯卧撑

　　起始姿势：弯腰俯身，双脚分开略宽于肩。

　　髋关节尽可能地抬高，肘关节屈曲，脸贴向地面。

　　肘关节用力伸展，回到起始姿势。

4. 手前后撑地单腿俯卧撑

　　起始姿势：俯卧撑，一只手比另一只手伸出更远，一条腿悬于空中。

　　保持背部挺直，慢慢降低躯干。

　　肘关节伸展，回到起始姿势。

5. 弯腰肱三头肌伸展

　　起始姿势：弯腰俯身，双脚分开略宽于肩。

　　肘关节慢慢降低，靠近地面，前臂几乎贴于地面。

　　肘关节伸展，回到起始姿势。

6. 旋转俯卧撑

起始姿势：双手撑地，双膝屈曲。

双膝和头向右侧转动，然后胸部向右侧降低。

双膝和头向左侧转动，然后胸部向左侧降低。

肘关节伸展，用力抬起胸部，然后回到起始姿势。

7. 双手并拢俯卧撑

起始姿势：俯卧撑，双手食指尖和拇指尖相互触碰。

慢慢降低胸部至手腕高度。

肘关节伸展，回到起始姿势。

8. 仰卧起坐出拳

起始姿势：仰卧，膝关节屈曲，双手握拳置于下颌处。

慢慢坐起至最高处，一只手经对侧膝关节出拳。

收回拳头，然后降低身体，回到起始姿势。

9. 收腹抬腿出拳

起始姿势：坐姿，双脚悬空，双手握拳于下颌处。

双脚保持悬空，经对侧膝关节出拳。

双手交替出拳，直到完成练习。

10. 出拳冲刺

起始姿势：仰卧，双腿伸直，双手握拳于下颌处。

坐起，一侧膝关节抬起，对侧手臂经该膝关节出拳。

收回拳头，降低膝关节，然后返回起始姿势。双手交替出拳，直到完成练习。

11. 板上持药球收腹转体

起始姿势：坐姿，伸臂持药球于胸前，双腿扣于板上。

头部和双肩向一侧旋转。

回到起始姿势，扭至另一侧，然后重复动作。

12. 板上仰卧起坐（持药球于颈后）

起始姿势：坐姿，手持药球于头后，双腿扣于板上。

抬起双肩，头部和肘关节靠近膝关节。

药球、头部和双肩慢慢降低，回到起始姿势，然后重复动作。

13. 板上仰卧起坐持球推举

起始姿势：坐姿，持药球靠于胸前，双腿扣于板上。

胸部和双肩抬起，同时推举药球过头顶。

药球、头部和双肩慢慢降低，回到起始姿势，然后重复动作。

14. 仰卧持哑铃肩关节外旋

起始姿势：侧卧，头部抬离地面，下侧手臂伸直。

上侧肘关节呈 90 度，手握哑铃，将其置于地面。

将哑铃向外、向上举起，然后回到起始姿势。

15. 持药球下蹲后推举

起始姿势：下蹲，持药球于胸前。

膝关节和腰部伸展，站立，推举药球过头顶。

将药球降低至胸前，然后将身体降低至起始的下蹲姿势。

16. 持药球弓步推举

起始姿势：弓步，持药球于胸前。

双膝伸展，站立，将药球推举过头顶。

将药球降低至胸前，然后将身体降低至起始的弓步姿势。

17. 持药球跨步跳

起始姿势：弓步，持药球于胸前。

跳起，双脚在空中换位。

轻轻落地后，身体慢慢降低至反向弓步姿势。

18. 持药球登山姿势

起始姿势：俯卧撑，双手置于药球上，背部伸直。

髋关节放低，一只脚置于双手内侧。

双脚交替动作，完成练习。

19. 按药球跨大步登山姿势

起始姿势：俯卧撑，双手置于药球上，背部伸直。

髋关节放低，一只脚置于一只手的外侧。

双脚交替动作，完成练习。

20. 按药球收腹跳

起始姿势：俯卧撑，双手置于药球上，背部伸直。

膝关节保持在肘关节内侧，双脚向药球方向跳。

双脚有控制地跳回起始位置。

21. 持药球立卧撑

起始姿势：俯卧撑，双手置于药球上，背部伸直。

膝关节保持在肘关节内侧，双脚向药球方向跳。

从该姿势站起，持药球于胸前。

肘关节伸展，将药球从胸部推举出去。

逆向进行整套动作，直至回到起始姿势。

22. 古巴式推举

起始姿势：站立，双手握杆，宽于肩。

肘关节向上、向外移动呈 90 度，举起杆。

在不改变肘关节角度或高度的情况下，将旋转杆举至头顶以上。

23. 持哑铃出拳

起始姿势：站立，双手各持一轻哑铃。

以不同的组合拳形式进行出拳练习。

重复动作至所需时间。

24. 悬绳练习

站立于与肩同高的悬挂绳索一侧。

头部降低至绳索下方后移至绳索另一侧。

双脚稍微向前滑动，然后沿整个绳索重复动作。

3分钟出拳武者挑战

　　这项武者挑战是在3分钟内完成尽可能多的出拳。这一挑战评估运动员的上身耐力以及重复精确出拳的能力。这种出拳技术对于综合格斗来说非常具有运动特性。未进行过出拳技术和耐力训练的运动员在第一次尝试这项挑战时可能会明显感到疲劳。经过本书中的练习以及实际的拳击训练，您可逐渐提高出拳能力。

3分钟出拳武者挑战规则

（1）面朝沙袋，距离沙袋1只手臂的长度。

（2）双手握拳，置于下颌处，启动计时器。

（3）双手在3分钟内尽可能多地交替出拳。

（4）手未离开下颌、未击打到沙袋就返回至下颌处、没有完全地出拳视为无效出拳。

（5）您可以随时休息，但计时不会停止。

（6）3分钟后停止计数，然后在本书后面的武者挑战评分表中记录您的分数。

马丁做出一个胯下内股动作。

六

柔道

只要努力，就有收获。

在练习柔道或参加比赛前后，对手互相鞠躬致敬。鞠躬表达感激和尊敬。你要感谢对手让你有机会提高技术。

善者的教导可以影响许多人。一代人掌握的东西可以传承一百代。

——嘉纳治五郎，柔道创始人

嘉纳治五郎的柔道 5 项原则

（1）仔细观察自己和他人的情况，仔细观察他人，然后仔细观察自己所处的环境。

（2）无论做什么，都要抓住主动权。

（3）三思后决断。

（4）凡事有度。

（5）中庸之道。

柔道是由嘉纳治五郎于 1882 年创立的格斗技术。嘉纳治五郎根据他对日本的两种经典柔术及当时不同格斗技术的其他方面的研究创立了这种格斗技术。柔道涉及强大的抓握和摔投技术以及地面格斗技术，柔道运动员可以通过压身、扼喉或关节锁扣击败对手。

"柔道"这一名称的发展让人深入了解了嘉纳治五郎对格斗技术本身的看法。嘉纳治五郎想要创立一种超越单纯的格斗的格斗技术，他制定了几项重要的改善身心的原则。嘉纳治五郎希望创立一种能为格斗者和普通人带来正面影响的格斗技术。柔道可简单地翻译为"温和的方式"。柔道已在195个国家传播，全球总部仍然是最初由嘉纳治五郎在日本东京创立的讲道馆（Kodokan，意为"学习的地方"）。

历史

柔道是由嘉纳治五郎创立的。自19世纪70年代起，日本禁止武者在公共场所携带武器，这让柔术受欢迎的程度有所提高，并且当时日本正在对国家内的一切进行现代化改造，格斗技术也不例外。嘉纳治五郎的进步思维激励其采纳当时他认为格斗技术最有效的方面，并将其与自己的理念相结合，创造了柔道。凭借自己在日本柔术方面的造诣和对其他格斗技术的研究，嘉纳治五郎努力磨炼技能，直到击败他的教练。那时他创建了自己的学校，称为讲道馆。

在1886年由东京警察局举行的一场比赛中，柔道被确定为警察们进行徒手搏斗的最佳形式，主导了这项活动，并成为当时的主要格斗技术。

这使柔道在日本获得了巨大发展（柔术呈逆向衰退）。嘉纳治五郎拥有多个学位，会说多种语言，他将这门格斗技术传播到了日本的体育界乃至世界各地。1909年，嘉纳治五郎成为国际奥林匹克委员会的首位日本成员，于1938年去世。鉴于他对该项运动的推广，柔道最终于1964年被认定为一项奥林匹克运动。

重要格言

嘉纳治五郎宣布了他的两条柔道格言。这两条格言不仅对于格斗技术，而且对于身心发展是有价值的。

精力善用：最大限度地有效利用体力和精神。

自他共荣：利己也利他。

柔道常用技术

虽然柔道主要指导运动员如何进行地面格斗，但这种格斗技术以动态的摔投而闻名。在讲道馆编录的100多种摔投方法中，综合格斗比赛常用其中的5种摔投方法，具体如下。

（1）腰车：一种强有力的臀部摔投。摔投者将手臂缠绕在被摔投者的头部，然后迅速转身，使其躺倒在地。

（2）背负投：摔投者"跌倒"在被摔投者身下，然后用手臂将其拉至头顶和后背，最后向下摔的一种技术。

（3）大外刈（拌腿摔）：摔投者用自己的腿扣住被摔投者的腿外侧，然后向后收回腿，使被摔投者躺倒在地的一种技术。

（4）大内刈：在摔跤中也称为"内扫"。摔投者将腿滑入被摔投者的两腿之间，然后将一条腿向前扫过，使其躺倒在地。

（5）大腰：这个柔道招式也称为"髋关节摔投"。摔投者将被摔投者置于自己的臀部，然后转体，将其摔倒在地。

着装

柔道服是由嘉纳治五郎在20世纪初设计的。这种制服包括上衣、腰带和裤子。嘉纳治五郎也是首位使用腰带的颜色代表柔道段位的人。常见的柔道腰带颜色按升序排列如下：白色、黄色、绿色、棕色和黑色。此后，许多格斗技术都采用了这种样式的制服和腰带系统。

柔道规则

柔道比赛持续5分钟，包括快速站立式摔投以及压身和顺势的强力擒抱技术。柔道运动员在比赛中的获胜方式有几种。

（1）一本。一名柔道运动员迅速而有力地将对手摔投在地。

（2）比赛结束时得分高于对手，

但不等于一本。

（3）压住躺在地面的对手 25 秒（等于一本）；用柔道服或双臂压制对手，使其认输或丧失意识。

（4）对手臂或肩关节施加技巧而使对手认输。

（5）因不当行为或滥用规则而被取消比赛资格的一方会被判输。

（6）如果比赛结束时为平局，则在称为黄金分数的时间段内首先得分的柔道运动员获胜。

柔道在综合格斗中的应用

从高水平的柔道运动员已经掌握了摔投、摔倒和地面格斗的技能不难看出，柔道可对综合格斗家的培养和成长产生巨大作用。虽然击打不是现代柔道的内容，但也能提高速度、力量、平衡能力及擒抱技术，这使得这项格斗技术非常适合有抱负的综合格斗运动员进行交叉训练。数名高水平综合格斗运动员都有柔道训练背景，包括卡罗·巴里斯彦（Karo Parisyan）、吉田英彦（Hidehiko Yoshida）、拉摩·蒂埃里·索科德茹（Rameau Thierry Sokodjou）、帕维尔·纳斯图拉（Pawel Nastula）和秋山成勋（Yoshihiro Akiyama）。

柔道运动员的身体要求

柔道运动员必须同时具有强大的力量、爆发力和耐力。特别是核心、背部和手部必须具有很强的力量进行抓握、控制和摔投对手。在耐力方面，柔道运动员必须具有良好的厌氧素质和有氧基础。1 回合比赛持续 5 分钟，柔道可能有多达 6~8 回合比赛，因此柔道运动员必须具备反复与对手较量的精力。

柔道练习

辅助练习
打入练习

自由对摔（立技）

寝技

　　运动员可利用一些不同形式的辅助练习为柔道比赛做好准备。打入练习旨在通过反复进行摔投的步法和身体动作练习，提高速度、耐力和技巧。自由对摔旨在通过实战训练立技或寝技。

1. 内股俯卧撑

起始姿势：俯卧撑，一只脚悬空。

慢慢降低躯干，将悬空的腿在空中抬得更高。

用力将躯干从地面抬至起始位置。

2. 蝎式俯卧撑

起始姿势：俯卧撑，背部挺直。

肘关节屈曲，在控制下降低躯干。

呈较低姿势后，一条腿伸至身体对侧。

收回腿，肘关节伸展，然后返回起始姿势。

3. 柔道俯卧撑

起始姿势：俯卧撑，髋关节在空中尽可能抬高。

胸部降至地面，然后髋关节向前推，抬起上身。

髋关节回到最高位置。

4. 双人单臂俯卧撑

起始姿势：与同伴单臂交错俯卧撑。

两人的躯干慢慢降低。

用力回到起始姿势。

5. 同伴拉单手下蹲后起立（拉手或抓柔道服）

起始姿势：站立，彼此面对，抓住对方袖子。

同伴 1 的身体降低，直至坐于地面。

同伴 2 将同伴 1 拉回站立姿势，然后坐于地面。

同伴 1 将同伴 2 拉回起始姿势。

6. 同伴龟式抱身（鱼跃）

同伴 1 肘关节和膝关节触地（龟式姿势）。

同伴 2 横跨同伴 1，双手环绕在同伴 1 的腰部，双手互扣。

同伴 2 将同伴 1 从地面上抬起，然后身体向后伸展，直至同伴 1 达最大高度。

同伴 2 慢慢将同伴 1 降低至起始姿势。

7. 同伴协助弯腰

起始姿势：两名同伴背靠背站立，同伴 1 紧抓同伴 2 的袖子。

同伴 1 身体降低至同伴 2 下方，然后向前弯腰，使同伴 2 处于其背部。

同伴 2 将双腿向上抬，然后将腿向下放回至与地面平行。

完成所需的重复次数后，同伴 1 将同伴 2 放回地面。

8. 同伴协助屈膝至胸

起始姿势：两同伴背靠背站立，同伴 1 紧抓同伴 2 的袖子。

同伴 1 身体降低至同伴 2 下方，然后向前弯腰，使同伴 2 处于其背部。

同伴 2 将膝关节拉至胸前，然后伸腿至与地面平行。

完成所需的重复次数后，同伴 1 将同伴 2 放回地面。

9. 同伴协助身体互扣翻转

起始姿势：同伴 1 以身体反扣姿势抓住同伴 2。

同伴 1 将同伴 2 垂直倒立举至空中。

同伴 1 将同伴 2 放至起始位置的另一侧。

10. 同伴协助后拉抱空翻

起始姿势：站立，将同伴置于一侧肩部，与同伴一起双手环抱住对方的腰部。

抱住同伴，身体前倾，直至其脚触地，同伴的头部移至对侧。

抱住同伴，向上施力，将同伴向另一侧肩部移。

抱住同伴，身体前倾，直至其脚触地，同伴的头部移至对侧。

11. 肩扛同伴下蹲

起始姿势：同伴 1 将同伴 2 置于双肩上。

同伴 1 下蹲，使大腿几乎与地面平行。

同伴 1 伸展膝关节，然后回到起始姿势。

12. 肩扛同伴弓步

起始姿势：同伴 1 将同伴 2 置于双肩上。

同伴 1 一只脚向前迈步，降低躯干，使后腿膝关节几乎触地。

同伴 1 向后撤步，回到起始姿势。

13. 抓同伴柔道服起身

起始姿势：同伴 1 面朝同伴 2 站立，抓住同伴 2 的两个翻领。

同伴 1 向地面降低身体，直至双臂在头顶以上完全伸展。

同伴 1 将自己向上拉，直至处于起始姿势。

14. 同伴从地面拉起连攻法

起始姿势：同伴 1 站立，抓住同伴 2 的翻领和袖子。

当同伴 1 慢慢降低身体时，同伴 2 下蹲。

同伴 1 将同伴 2 拉起，使其向自身靠近自己，然后旋转其躯干。

同伴 1 再次将同伴 2 降低至深蹲姿势，然后重复动作。

15. 同伴背驮式脚横扫

起始姿势：同伴 2 跳至呈背驮姿势的同伴 1 的后背。

同伴 1 将右脚的侧面在身体前的地面上横扫，然后将右脚置于左前方。

回到起始姿势后，同伴 1 将左脚的侧面在身体前的地面上横扫，然后将左脚置于右前方。

重复该套动作至所需次数。

16. 肩背同伴侧弓步

起始姿势：同伴 1 站立，举起同伴 2，将其置于双肩上。

同伴 1 的右脚向右侧迈步，然后降低身体。

同伴 1 右腿用力，返回站立姿势。

17. 同伴抓柔道服划船（向上拉）

起始姿势：同伴 1 站立，跨越同伴 2，抓住其柔道服的袖子。

同伴 1 将同伴 2 向上拉，保持颈部和背部的良好姿势。

同伴 2 必须保持身体绷直，以脚跟作为运动的支点。

同伴 1 慢慢将同伴 2 降低至地面。

18. 双腿举同伴

起始姿势：同伴 1 将双脚置于同伴 2 的髋部，抓住其袖子。

同伴 2 身体前倾，同伴 1 用双脚将其举至空中。

在此平衡位置下，同伴 1 用双腿降低同伴 2，然后用力举回平衡位置。

19. 同伴抓柔道服交替划船

起始姿势：同伴 1 站立，跨越同伴 2，握住其柔道服的袖子。

同伴 1 将同伴 2 从地面上抬起。

同伴 1 用右臂向上拉，左臂伸直。

同伴 1 返回起始姿势，然后用左臂将同伴 2 向上拉。

20. 同伴协助交替俯卧撑

　　起始姿势：同伴 1 仰卧，双手与同伴 2 紧握，同伴 2 呈俯卧撑姿势。

　　同伴 1 降低左臂，同伴 2 伸展左臂，保持平衡。

　　同伴 1 返回起始姿势，然后降低右臂，同伴 2 伸展右臂。

21. 同伴协助背空翻

　　起始姿势：与同伴背靠背站立，双手举至头顶上，同伴握住您的袖口。

　　当同伴的髋关节低于您的髋关节，同伴的身体前倾时，您的身体后倾。

　　您的双脚翻过头顶和同伴，在他面前站立。

　　再次背靠背站立，重复练习。

22. 双手拉弹力带经双腿至右侧

起始姿势：站立，膝关节稍屈曲，双手持弹力带置于体前。

腰部前倾，左手越过左腿，右手越过右侧髋关节。

慢慢回到起始姿势。

23. 双手拉弹力带经双腿至左侧

起始姿势：站立，膝关节稍屈曲，双手持弹力带置于体前。

腰部前倾，右手越过右腿，左手越过左侧髋关节。

慢慢回到起始姿势。

24. 双手拉弹力带至右侧

起始姿势：站立，膝关节稍屈曲，双手持弹力带置于体前。

保持双脚向前，双手拉弹力带置于右侧髋关节外侧。

慢慢回到起始姿势。

25. 双手拉弹力带至左侧

起始姿势：站立，膝关节稍屈曲，双手持弹力带置于体前。

保持双脚向前，双手拉弹力带置于左侧髋关节外侧。

慢慢回到起始姿势。

26. 双手拉弹力带至右肩

起始姿势：站立，膝关节稍屈曲，双手持弹力带置于体前。

保持双脚向前，双手拉弹力带越过右侧肩关节。

慢慢回到起始姿势。

27. 双手拉弹力带至左肩

起始姿势：站立，膝关节稍屈曲，双手持弹力带置于体前。

保持双脚向前，双手拉弹力带越过左侧肩关节。

慢慢回到起始姿势。

28. 后拉弹力带飞行员

起始姿势：站立，膝关节稍屈曲，双手持弹力带置于体前。

双手向上和向外拉弹力带至头部高度。

慢慢回到起始姿势。

29. 交替后拉弹力带飞行员

起始姿势：站立，膝关节稍屈曲，双手持弹力带置于体前。

一只手向上和向外拉弹力带至头侧，另一只手向下和向外拉弹力带至对侧髋关节外侧。

慢慢回到起始姿势，然后反方向重复动作。

30. 双臂拉弹力带过头顶

起始姿势：站立，膝关节稍屈曲，双手持弹力带置于体前。

尽可能将双手抬至头顶上方。

慢慢回到起始姿势。

31. 屈臂至右侧

起始姿势：站立，膝关节稍屈曲，双手持弹力带，掌心朝上，置于体前。

肘关节屈曲，双手向上、向外拉至右肩高度。

慢慢回到起始姿势。

32. 屈臂至左侧

起始姿势：站立，膝关节稍屈曲，双手持弹力带，掌心朝上，置于体前。

肘关节屈曲，双手向上、向外拉至左肩高度。

慢慢回到起始姿势。

33. 屈臂至下颌

起始姿势：站立，膝关节稍屈曲，双手持弹力带，掌心朝上，置于体前。

肘关节屈曲，双手向上拉至下颌高度。

慢慢回到起始姿势。

34. 屈左臂至右侧

起始姿势：站立，膝关节稍屈曲，双手持弹力带，置于体前。

在不移动右臂的情况下，左臂向上、向外屈曲至右肩高度。

慢慢回到起始姿势。

35. 屈右臂至左侧

起始姿势：站立，膝关节稍屈曲，双手持弹力带，置于体前。

在不移动左臂的情况下，右臂向上、向外屈曲至左肩高度。

慢慢回到起始姿势。

36. 弯腰划船（游泳）

起始姿势：站立，膝关节稍屈曲，双手持弹力带置于体前。

弯腰向前，双手尽可能向后伸至臀后。

慢慢回到起始姿势。

37. 胸前平举

起始姿势：双腿前后交错站立，双手各拿一根弹力带，背面朝向弹力带。

肘关节屈曲，双手置于胸部，双手用力向前，肘关节伸展。

双手慢慢放回胸部。

38. 胸前飞行员

起始姿势：双腿前后交错站立，双手各拿一根弹力带，背面朝向弹力带。

双手伸至胸部两侧最远位置，然后双手向前、向内伸展，在胸前会合。

双手慢慢放回起始位置。

39. 双手交替出拳

起始姿势：双腿前后交错站立，双手各拿一根弹力带，背面朝向弹力带。

肘关节屈曲，双手置于胸前，一侧肘关节伸展，出拳。

手慢慢放回胸部，然后在另一侧重复动作。

40. 肱三头肌伸展

起始姿势：双腿前后交错站立，双手各拿一根弹力带，背面朝向弹力带。

肘关节屈曲，双手置于头后。

双手向前移动至头顶前方。

双手慢慢放回起始位置。

41. 屈臂

起始姿势：双腿前后交错站立，双手各拿一根弹力带，背面朝向弹力带。

双手伸至髋关节两侧后，向前和向上屈臂，双手在胸前会合。

双手慢慢放回起始位置。

42. 前倾飞行员

起始姿势：双腿前后交错站立，双手各拿一根弹力带，背面朝向弹力带。

双手伸至髋关节侧后方。

双手向前向上移动至头顶前方。

双手慢慢放回起始位置。

43. 单腿前拉

起始姿势：双腿前后交错站立，身体放低，双手各持一根弹力带，背面朝向弹力带。

双手伸至髋关节两侧，双手向前移动至胸前会合。

双手慢慢放回起始位置。

3 分钟引体向上武者挑战

　　这项武者挑战的内容是在 3 分钟内尽可能多地完成引体向上的动作。这个挑战非常难！但如果这个挑战很简单，那所有人都可以成为 10 级武者了。引体向上对于训练上半身的拉力来说是非常有效的锻炼方式，同时也是武者训练计划中非常重要的一个组成部分。根据测试得分，可以得出相对于自己的体重而言，自己的力量处在一个什么水平。对于武者而言，这是一个严苛的训练，也是测试武者状态的一个非常有效的手段。

3 分钟引体向上武者挑战规则

　　（1）双脚离地后，在进行首次动作之前开始计时。

　　（2）向上拉起身体，使下颌越过单杠。

　　（3）在结束动作时，肘关节尽可能伸直。

　　（4）尽量不摆动身体，或不使用双腿辅助进行动作。

　　（5）您可以随时休息，但计时不会停。

　　（6）从地面跳起、下巴低于单杠，或肘关节未充分伸展都不计数。

　　（7）3 分钟后停止计时，然后在本书后面的武者挑战评分表中记录您的分数。

马丁在位于荷兰阿姆斯特丹的目白健身房（Mejiro Gym）进行重袋训练。

七

自由搏击

作为一名自由搏击运动员，你会学到与其他格斗技术相同的价值观和道德规范：控制自我、遵守纪律、尊重他人、保持礼仪和积极的心态等。自由搏击运动员要学会控制思维，在竞争时始终保持冷静。自由搏击的终极目标和追求是身体、心灵和精神的统一。

——埃迪·凯夫（Eddie Cave），《自由搏击》作者

流血是应该的，吃苦是好事。

忘掉自我，深思熟虑。

——安德烈·曼纳特（Andre Mannaart），曾获得世界级、洲际级及欧洲自由搏击比赛的冠军

自由搏击是一种使用拳击和踢腿击败对手的格斗技术。自由搏击起源于20世纪50年代的日本，是泰拳和空手道的融合体，20世纪70年代在美国日益受到欢迎。自由搏击的击打以及击败对手的规则与拳击相似，保留了一些与泰拳相似的攻击技术（特别是踢腿）。

历史

自由搏击源于 20 世纪 50 年代末的日本。一名叫山田辰夫的空手道家学习泰拳，并被该项运动所吸引。山田辰夫想创造一项结合空手道技巧与泰拳强度的运动。1959 年，山田辰夫提出空手道拳击运动的概念。随着泰拳在泰国的兴起，许多泰拳选手到日本训练，并展示其风格。一名叫野口修的拳击运动员对泰拳感兴趣，他进一步发展了此项运动，并称之为自由搏击。

1963 年举行了一场空手道选手与泰拳选手对抗的著名比赛。来自大山（Oyama）道场的 3 名日本空手道选手（包括极真空手道之父）与 3 名泰拳选手在泰国著名的伦披尼体育场进行比赛。日本选手赢了两场比赛，这促使自由搏击在日本扎根。1966 年，野口修成立了早期的自由搏击协会，并于当年在日本大阪举办了首次自由搏击比赛。

电视台转播比赛使这项运动在日本日益受欢迎，并开始在全世界传播。在 20 世纪 70 年代早期，美国引入了自由搏击比赛，并成立了世界自由搏击协会。20 世纪 70 年代后期，自由搏击经一名叫简·普拉斯的选手传播到荷兰，并于 1978 年成立了荷兰自由搏击协会。虽然自由搏击确实在全球范围内受欢迎，但在 20 世纪 90 年代早期，随着 K-1 的出现，这项运动才得到了极大的振兴。现在世界各地都会举行 K-1 比赛，这项运动在欧洲和日本特别受欢迎。每年都会举行世界锦标赛，以确定谁是世界上"最伟大的斗士"。欧洲运动员（特别是来自荷兰的运动员）在这些赛事中取得了巨大成功，参加这些激动人心的赛事的许多选手都在综合格斗中取得了成功。

自由搏击的常用技巧

尽管自由搏击使用许多与拳击和泰拳相同的动作组合，但综合格斗中更常见的是自由搏击的击打动作。常用技巧如下。

（1）转体后摆拳：如果恰到好处，一记激动人心的出拳可给对手造成毁灭性打击。这种出拳需快速转体，然后伸展手臂，用手背击打对手的下巴或头部。

（2）转体后踢：一种具备体育运动性的引人注目的踢腿，可用于震慑对手。这种踢法需快速转体，然后借助产生的动力用一条腿踢打对手的身体或头部。

（3）劈踢：这种踢腿动作需要灵活性和爆发力，是一种有效的打击技。这种踢法尽可能将脚踢至对手头顶以上的空中，然后向对手的头部、面部或肩部劈去。

（4）跳起出拳：利用时机变化突然袭击对手的一种击打。这种攻击需跳至空中，然后从空中打出强有力的一拳。

着装

组织、自由搏击派别不同，服装也有些不同。在 K-1 比赛中，选手穿戴拳击手套、护衣、腹股沟保护器和护齿。美国的一些自由搏击比赛要求选手穿运动长裤而不是护衣。根据比赛的水平，一些组织要求选手除穿戴腹股沟保护器和护齿外，还要穿戴脚垫、护腿垫或头盔。

规则

自由搏击有很多派别和规则，但本书只介绍世界上最流行的规则，即 K-1 和美式自由搏击最独特的规则。

K-1 比赛通常采用锦标赛赛制，但有时也在一个晚上只举行一个单场的比赛。锦标赛的目的是尽快淘汰对手，让自己进入下一轮，故与泰拳比赛相比，K-1 比赛通常要求选手有更高的能量和爆发力。通常每场锦标赛有 3 个回合，每个回合 3 分钟。单场比赛为 5 个回合，每个回合 3 分钟。这两种形式的比赛，在回合间都有 1 分钟的休息时间。赢得比赛的方式为击倒、裁判叫停的技术击倒、裁判终止比赛或不公平竞争。K-1 使用的技术与泰拳的主要区别在于，在 K-1 比赛中，用肘关节和膝关节进行长时间扭打是违规的。K-1 比赛的节奏不同，几乎不强调将对手摔倒在地，而这在泰拳中很常见。这两种格斗技术中的多数出拳和踢腿非常相似。

"完全接触"的美式自由搏击与

K-1 的不同之处在于，美式自由搏击只允许对腰带以上的部位进行踢打和拳击。美式自由搏击强制要求选手穿戴经认可的拳击手套、脚垫和护腿。

除评委对比赛进行评分外，美式自由搏击还引入了踢腿裁判，他们统计每名选手每回合踢腿次数。每名选手每回合必须踢腿 8 次，这称为强制踢腿率（MKR）。根据这些规则，击倒或站立 8 秒（裁判认为选手受伤，然后给他 8 秒的恢复时间）被记作选手踢腿 1 次。选手可因每轮踢腿少于MKR 而被罚半分，还可因在一定数量的比赛中未能符合 MKR 规定而被取消比赛资格。美式自由搏击比赛，每

回合持续 2 分钟，中间有 1 分钟休息，比赛为 4 回合到 12 回合不等。美式自由搏击比赛注重拳击一章所述的拳击技巧和 K-1 及泰拳涉及的高踢技巧。由于规则系统的原因，其他格斗技术中不常见的复杂转体和跳起踢腿动作在美式自由搏击中也有出现。

自由搏击在综合格斗中的应用

最近综合格斗的规则有了细微变化，由于人们喜欢观看更加引人注目的动作，故自由搏击选手需具备较好的抗击打能力。自由搏击选手能用双手和双脚提高对各种类型击打的熟练程度，故自由搏击是综合格斗的优秀交叉训练方法。除踢腿和拳击的进攻技巧之外，自由搏击选手还可练习双脚防守技能，可在扭打时进行格斗。具有自由搏击背景的著名选手有米尔科·菲利波维奇（Mirko "Crocop" Filipovic）、奇克·刚果（Cheick Kongo）、莫里斯·史密斯、伊戈尔·沃夫查钦（Igor Vovchanchyn）、李康（Cung Le）、佩德罗·里佐（Pedro Rizzo）、杰罗姆·勒·班纳（Jerome Le Banner）、阿利斯泰尔·欧沃瑞（Alistair Overeem）、吉尔伯特·伊维尔（Gilbert Yvel）、希思·赫林（Heath Herring）、马克·洪特（Mark Hunt）和盖伊·梅茨格尔。

自由搏击选手的身体要求

自由搏击选手的身体要求与拳击手和泰拳选手的相似。自由搏击选手必须具有极强的耐力，还要有速度和力量，不仅能进行强力击打，还能够在整个比赛中坚持不懈。他们必须具备泰拳选手的能力，承受对手对双腿、头部、双手和身体其他部位的残酷踢打。核心和双腿必须特别有力，才能从脚底向上发力，并将力量经核心传递至上身。在某些情况下，像 K-1 比赛一样，选手也必须具备耐力和心理韧性才能在一夜之间与多个对手进行比赛。还应提到的是，K-1 选手的个头往往比泰拳选手的个头大得多。

自由搏击练习

辅助练习
出手靶练习

踢靶练习

拳击重袋

与本书所述的其他格斗技术的训练一样，自由搏击选手除在赛场中进行实际比赛之外，还应该进行辅助训练。

提高速度、力量、耐力和技术最常见的辅助训练形式是手靶训练和重袋训练。

1. 收腹分腿

起始姿势：仰卧，双腿交替呈剪刀姿势。

双腿保持稳定，伸直双臂并越过位于上方的腿，抬起双肩。

双肩慢慢降低，然后在另一侧重复动作。

2. 侧向转体收腹

起始姿势：坐于右侧髋关节，双腿自然伸展，左臂在上。

腰部扭转，使左膝向上移动，同时右肘向上抬起尽量靠近左膝。

保持姿势至规定时间，双腿和躯干恢复至起始姿势，然后在另一侧重复动作。

3. 屈膝抓腿

起始姿势：仰卧，双腿伸直，双手以防御姿势握于下颌处。

躯干和膝关节同时抬起，双手抓住小腿。

身体慢慢降低，回到起始姿势。

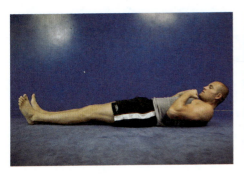

4. 屈膝划船

起始姿势：仰卧，双腿伸直，双手以防御姿势握于下颌处。

躯干和膝关节同时抬起，然后手臂向后做划船动作。

身体慢慢降低，回到起始姿势。

5. 屈膝双肩外旋

起始姿势：仰卧，双腿伸直，双手以防御姿势握于下颌处。

躯干和膝关节同时抬起，然后双手向后、向上做划船动作。

身体慢慢降低，回到起始姿势。

6. 直腿抬高空中画圈

起始姿势：仰卧，双腿并拢伸直，双手交叉于臀部。

双脚抬至空中约 15 厘米。

双脚在空中慢慢划出餐盘大小的圆圈。

重复完成所需次数后，双脚慢慢降低。

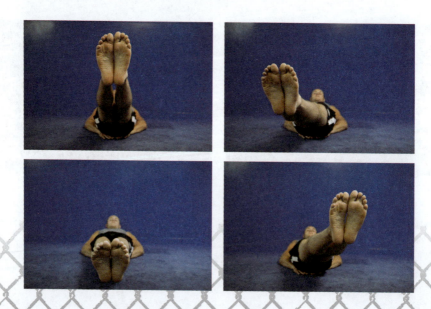

7. 腿放低

起始姿势：仰卧，双手置于下颌处，双脚并拢向上，双腿大致与地面垂直。

背部保持平坦，双脚慢慢放下，直至离地约 15 厘米。

双脚慢慢回到原来的位置。

8. 腿放低外展

起始姿势：仰卧，双手置于下颌处，双脚并拢向上。

背部保持平坦，双脚慢慢放下，直至离地约 15 厘米。

双脚尽可能外展。

双腿在向上抬起的同时内收，直到回到起始姿势。

9. 提髋收腹

起始姿势：仰卧，双腿在空中尽量伸直，双手置于两侧。

双手向地面用力，收腹，髋关节抬离地面。

髋关节慢慢降低，回到起始姿势。

10. 双手不动收腹

起始姿势：仰卧屈膝，双手置于腰部，头部稍抬高。

收腹，肩胛骨抬离地面。

头部、肩部慢慢降低，回到起始姿势。

11. 抱臂收腹

起始姿势：仰卧屈膝，双臂交叉置于胸前，头部稍抬高。

收腹，肩胛骨抬离地面。

头部、肩部慢慢降低，回到起始姿势。

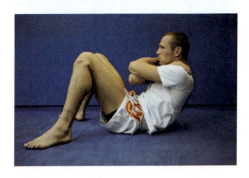

12. 拉绳收腹

起始姿势：仰卧屈膝，一只手伸至两腿之间，好像抓住了一根绳子。

前一只手向后拉，经过双腿之间接触另一只手以抓住假想的绳子。

在每一侧重复动作，直至完成所需次数。

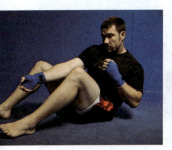

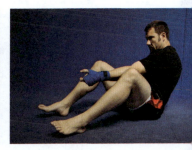

13. 收腹抬腿

起始姿势：仰卧，双脚置于空中，双手置于两侧。

髋关节保持平衡的同时，双腿和上身抬高至空中，然后双手伸过膝关节。

慢慢降回起始姿势。

14. 伸手收腹

起始姿势：仰卧屈膝，头部置于地面，双脚向上，双手置于两侧。

收腹，双手尽可能向前伸。

上身慢慢降低，回到起始姿势。

15. 持球收腹猛击

起始姿势：同伴2仰卧，同伴1横跨其站立。

同伴2收腹，同伴1将药球砸向其腹部。

同伴1重新持球，回到起始姿势。

16. 药球俯卧撑

起始姿势：俯卧撑，双手置于药球上，双脚脚尖着地，双脚距离比肩宽。

胸部慢慢降低至双手处，背部保持挺直。

双臂伸展，胸部抬高至起始姿势。

17. 俯卧撑至双臂侧展

起始姿势：低俯卧撑，肘关节屈曲，躯干伸直。

肘关节伸展至高位俯卧撑姿势。

双肩侧转，一只手尽可能向空中伸出。逆向进行动作，然后慢慢返回原位。

18. 拍髋俯卧撑

起始姿势：俯卧撑，肘关节伸展。

尽可能快地降低身体，然后用力将身体抬至空中。

双手拍髋关节，然后返回原位。

19. 三角形俯卧撑

起始姿势：俯卧撑，双臂伸展，躯干保持挺直。

胸部向右手降低，然后用力返回原位。

胸部向左手降低，然后用力返回原位。

20. 侧移俯卧撑

起始姿势：俯卧撑，肘关节屈曲，胸部离地数厘米。

胸部向右侧移动。

胸部向左侧移动。

21. 提臀俯卧撑

起始姿势：高位俯卧撑，臀部向上抬高，双脚分开。

胸部向地面降低，头部和胸部穿过双手时，髋关节降低。

停留在低位，然后逆向进行动作，回到起始姿势。

22. 俯卧撑转体

起始姿势：俯卧撑，肘关节伸展，躯干保持挺直。

右腿踢至身体下方，越过身体。

胸部朝地面降低，臀部不要触地。

肘关节伸展，返回原位，然后在另一侧重复动作。

23. 双手叠放俯卧撑

起始姿势：俯卧撑，一只手叠放于另一只手上。

肘关节朝外屈曲，下颌向手部降低。

肘关节伸展，然后回到起始姿势。

24. 提臀俯卧撑后挺胸抬头

起始姿势：俯卧撑，臀部尽可能抬高。

保持手和脚的位置，髋关节降低，胸部向上移动。

髋关节抬高，然后回到起始姿势。

25. 反向柔道俯卧撑

起始姿势：挺胸抬头，髋关节降至地面。

当髋关节后移时，胸部降低呈低位俯卧撑姿势。髋关节向上、向后移动，低头。

髋关节降低至俯卧撑姿势，然后再降低，回到起始姿势。

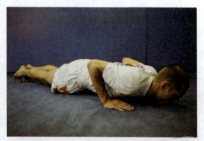

26. 站立屈膝抬腿侧向转体

起始姿势：站立，左腿在前，呈防守姿势。

左臂伸展，右膝关节抬高至右肘关节处。

右腿慢慢降低，然后回到起始姿势。

27. 站立前踢

起始姿势：站立，呈防守姿势，左脚在前，脚趾触地。

左膝关节抬高，然后伸展。

脚慢慢放回原位，然后回到起始姿势。

28. 仰卧举杠铃扭体

起始姿势：仰卧，双手举杠铃，双脚置于空中。

双腿扭至右侧，手持杠铃向左侧移动，以保持平衡。

两膝关节和双脚并拢，然后在另一侧重复动作。

29. 举杠铃仰卧起坐

起始姿势：仰卧，双手举杠铃，双脚置于空中。

上身离地抬起，举杠铃至腰部上方。

躯干慢慢降低，然后将杠铃慢慢放回起始的位置。

30. 倚瑞士球举杠铃扭体

起始姿势：背倚瑞士球，双手持杠铃，双脚置于地面。

髋关节向右移动，向左扭体，降低杠铃。

回到起始姿势，然后转至另一侧。

31. 倚瑞士球持药球仰卧起坐

起始姿势：背倚瑞士球，手持药球于头顶正前方，双脚置于地面。

举药球至胸部上方，收腹，双肩朝上抬起。

慢慢回到起始姿势。

32. 持药球收腹侧转

起始姿势：坐于左髋关节，双膝屈曲，双脚并拢离地，持药球于左侧。

腰部扭转，双膝移至左侧，持药球于右侧。

回到起始位置，在另一侧重复动作。

33. 收腹抬脚左右摆动

起始姿势：坐于右髋关节，双脚完全置于左侧。

使用双手保持平衡，起到杠杆作用。双脚沿顺时针方向平移，经过身体前侧，最终完全移至右侧，双脚不要触地。

然后回到起始姿势，重复所需次数。

34. 单臂按药球俯卧撑

起始姿势：俯卧撑，一只手置于药球上，另一只手置于下颌处。

胸部慢慢降低至靠近撑球手的位置，背部保持挺直。

肘关节伸展，胸部抬高至起始位置。

35. 拳击 BOSU 球

起始姿势：跪姿，双手置于胸前。

身体倒向 BOSU 球，一只手击打 BOSU 球，以减缓动力。必须注意保持手腕伸直。

肘关节伸展，回到起始姿势。

36. 单腿蹬 BOSU 球跳起

起始姿势：一只脚站于 BOSU 球上，双手握在胸前。

用脚猛蹬 BOSU 球，然后跳至空中。

脚用力落于 BOSU 球上，回到起始姿势。

37. 持药球站立于 BOSU 球下蹲

起始姿势：双脚置于 BOSU 球上，持药球于胸前。下蹲，背部保持挺直。膝关节、髋关节和腰部伸展，回到起始姿势。

38. 持杆横扫

起始姿势：站立，双脚向前，手持一根杆子，向前伸出，右手在前，左手在后。

双脚固定不动，向右侧转体。

回到起始姿势，然后在另一侧重复动作。

39. 持杆撑地俯卧撑

起始姿势：倚杆撑地，双脚分开，右手置于杆子顶部，左手置于杆子中间位置。

手的位置保持不动，身体降低至杆左侧。

返回原来的姿势，双手交换位置，然后在另一侧重复动作。

40. 持杆身体侧弯

起始姿势：站立，双脚朝前分开，持杆于头顶以上。

身体向一侧倾斜，双脚位置保持不动，杆保持在头顶以上。

慢慢回到起始姿势，然后在另一侧重复动作。

4分钟俯卧撑武者挑战

　　这项武者挑战是在4分钟内完成尽可能多的俯卧撑。虽然听起来很简单，但我保证您会对结果感到惊讶（特别是您在阅读本书之前未曾做过俯卧撑）。如果您第一次没有成功（我也曾这样），不要放弃。本书中的训练计划有助于增加俯卧撑次数，定期进行俯卧撑武者挑战能提高您的能力。

4分钟俯卧撑武者挑战规则

（1）在开始进行第一次动作之前启动计时器。

（2）身体一直向下降低（胸部降低至拳头高度，不触地），然后肘关节锁定。

（3）您可以随时休息，但计时不会停止。

（4）身体姿势不良或膝关节触地等均不计入总数。

（5）4分钟后停止计数，然后在本书后面的武者挑战评分表上记录您的分数。

马丁在俄罗斯圣彼得堡学到了桑搏的技术。

八

桑搏

自我防御时，不可能只使用一个系统……如果其他系统中的有效方法能让你获胜，就必须用。

——维克托·斯彼德诺夫，桑搏的创始人之一

在一场比赛处于复杂的情况下时，桑搏选手必须化解对手的抵抗，利用对手的不稳定性，控制其身体。要在桑搏比赛中成功反击，迅速确立方向、勇敢、决心、自信，以及获胜的意志尤其重要。

——阿纳托利·哈兰皮耶夫，《桑搏战术》作者

桑搏的 4 项原则

（1）在比赛中机智地使用战术。

（2）在比赛中培养娴熟地从一项技巧转至另一项技巧的能力。

（3）有效应用技术，使得用力最小，效果最佳。

（4）了解人体解剖学和生理学知识。

桑搏是一种源自俄罗斯的格斗技术，实际上是众多不同格斗技术（包括俄罗斯本土格斗技术、柔道、柔术、摔跤和拳击）的融合体。Sambo 是俄语 "Samozaschita Bez Orujiya" 的缩写词，意思是"徒手自卫"。桑搏在 20 世纪初由数名俄罗斯格斗家创立。起初，桑搏的最终目标是在实际的军事战斗中击败武装或非武装的对手。1938 年，这种格斗技术最终被认可，成为一项正式的体育运动。

现在的桑搏有几种不同的形式，体育运动型桑搏和搏斗型桑搏是两种主要形式。体育运动型桑搏包括摔投和顺势，不得使对手窒息。搏斗型桑搏包括站立打击。桑搏这种格斗技术已经传播至许多国家，每年都会举办世界锦标赛。

历史

瓦西里·奥斯普科夫和维克托·斯彼德诺夫常被称为桑搏的两大创始人。奥斯普科夫是最早在日本嘉纳治五郎创建的讲道馆学习柔道的外国学生之一，达到二级黑带等级，他还曾学习空手道。斯彼德诺夫则曾学习摔跤。两人经过研究后创造出了综合许多格斗技术的形式。桑搏在随后的数年里继续发展，许多学生也做出了贡献。除奥斯普科夫和斯彼德诺夫

之外，阿纳托利·哈兰皮耶夫还在寻找其他格斗技术技能。经过多年的发展和完善，桑搏在 1938 年被认可为一项正式格斗运动，哈兰皮耶夫因对该项格斗运动的贡献而成为"桑搏之父"。在 1980 年的莫斯科奥运会上，桑搏作为展示项目出现，桑搏在当时尚未被认可为正式比赛项目。桑搏现已作为一种自卫方法在世界各地广泛应用，且是俄罗斯军队和警察的训练内容之一。

桑搏的常见技巧

虽然桑搏采用站立和地面技术获胜，但本书主要讲述综合格斗比赛中的腿部顺势技术。综合格斗比赛中两种常见的腿部顺势技术是桑搏选手使用的常规技术。

（1）踝关节扣：这是一种可在多种姿势下采用的多用途顺势。无论在什么情况下，踝关节扣的目的都是对踝关节施力，从而利用上身的杠杆作用迫使对手认输。

（2）膝关节杠：这是桑搏的一种经典顺势形式。桑搏选手利用整个身体的杠杆作用攻击对手的膝关节。攻击者产生的力远大于对手的腿部力量，故对手被迫认输或承受严重的潜在伤害。

着装

桑搏选手必须穿称为 kurtka 的红色或蓝色服装，这种衣服除了有用于将腰带固定到位的槽和肩部上用于抓握的突出部分外，其余部分类似于柔道服。在比赛和训练期间，一名桑搏选手穿戴相同颜色（红色或蓝色）的上衣、腰带和短裤，以及称为 sambovki 的特制鞋子。这种鞋子非常薄，鞋底为绒面革，利于抓地。桑搏腰带不代表选手等级或竞争等级，桑搏使用统一体育分类系统的俄罗斯竞争评级系统对桑搏选手进行评级。在搏斗型桑搏中，选手要戴头盔、护齿、手套，以及胫板和脚垫。

桑搏规则

桑搏比赛持续 6 分钟，在铺有用于摔跤的较柔软的垫子的圆形场地内进行。比赛从站立开始，有数种获胜方式。干净利落地摔投对手（如柔道中的一本），或形成一定形式的臂扣或腿扣，即可赢得一场比赛。桑搏选手也可因在比赛结束时比对手获得更多分数，或比赛中的积分大于 12 分而获胜。

根据裁判的评判，摔投对手可获得 1~8 分，将对手压在身下 10 秒得 2 分，或更长时间得 4 分，将对手压在身下每场比赛最多得 4 分。桑搏类似于柔道，但与巴西柔术不同，桑搏不为不同的躺倒姿势奖励积分。如果未立即认输或尝试认输，则停止搏斗，然后桑搏选手以站立姿势重新开始比赛。

搏斗型桑搏规则与上述规则相同，但允许进行站立击打。击打没有得分，躺倒在地击打也不合规。桑搏选手击倒对手可获胜。

桑搏在综合格斗中的应用

桑搏使用类似于柔道和摔跤中

的强力抛掷和摔倒技巧，以及类似于柔道和巴西柔术中的扣腿和臂杠等关节技巧。搏斗型桑搏还使用强有力的踢腿和拳击。所有这些技巧都是综合格斗家必备的格斗技巧，这使桑搏成为综合格斗优秀的交叉训练方法和支线方法。桑搏有助于培养高水平的综合格斗家，这体现了桑搏的作用。目前在练习桑搏的综合格斗冠军有菲多·艾米连科、安德烈·阿尔洛夫斯基、亚历山大·艾米连科、谢尔盖·哈里托诺夫（Sergei Kharitonov）和欧勒格·塔克塔罗夫（Oleg Taktarov）。欧勒格·塔克塔罗夫和安德烈·阿尔洛夫斯基都曾拥有综合格斗冠军赛腰带，而菲多·艾米连科则是综合格斗锦标赛冠军。

桑搏选手的身体要求

与本书中的许多格斗技术的要求一样，桑搏选手需具备爆发力和耐力才能获胜。桑搏选手必须具有强大的抓握力以控制站立或躺倒在地的对手，双腿必须特别强壮，不仅用于抛掷，还用于防止扣腿进攻以及在顺势时控制对手。桑搏选手以出色的灵活性而闻名，特别是下半身，许多桑搏选手可完成劈叉。

桑搏练习

辅助练习
带子练习

同伴抱摔

抱假人摔倒

在桑搏的比赛中，抱摔可立即获胜。除地面训练之外，桑搏选手还可进行辅助练习，以提高抛掷技术、力量和爆发力。桑搏选手定期使用带子反复练习步法，并使用假人进行力量训练。与称职的同伴一起不断钻研抛掷动作是提高力量、耐力和技术的另一关键。

1. 跪姿后倾

起始姿势：跪姿，脚背着地，双手置于髋侧。

躯干慢慢后倾。

慢慢回到起始姿势。

2. 肘关节撑地

起始姿势：俯卧，下颌置于双手上，肘关节撑地。

躯干和双腿抬离地面，使肘关节和脚趾成为唯一的平衡点，身体绷紧，后背挺直。

保持规定的时间，然后回到起始姿势。

3. 四肢伸展俯卧跳

起始姿势：下蹲，双手触地，脚尖踮起，膝关节置于双肘之间。

双脚向后跳，呈四肢伸展姿势，髋关节和大腿触地。

逆向进行动作，双脚跳回原位。

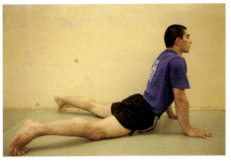

4. 登山者俯卧撑

起始姿势：俯卧撑，肘关节锁定，后背挺直，双脚分开。一侧膝关节抬至双肘之间，髋关节保持低位。

在另一侧重复动作，然后屈膝腿向后伸展，肘关节屈曲，胸部降低至地面。

肘关节伸展，回到起始姿势。

5. 同伴抓腿爬地

起始姿势：俯卧，双臂前伸，同伴抓住您的踝关节。

向前、向上拉至俯卧撑姿势。

继续向前拉，直至胸部越过双手，降低至地面，然后重复动作至所需次数。

6. 同伴协助蹬单腿

背靠墙站立，一只脚置于同伴胸前。

同伴身体慢慢向墙的方向靠近。

用力将同伴蹬离，回到起始姿势。

7. 同伴协助推拉练习

　　起始姿势：站立，面对同伴，手指互扣，一只手臂屈曲，另一只手臂伸展。

　　您和同伴交错移动手的位置，对每个运动方向施加很大的阻力。

　　重复所需次数。

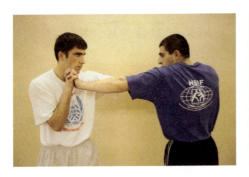 

8. 肩扛同伴下蹲

　　起始姿势：站立，肩扛同伴，双脚分开，距离大于肩宽。

　　膝关节屈曲，身体降低，胸部保持向上，后背挺直。

　　膝关节伸展，回到起始姿势。

9.同伴协助伸臂过头顶

起始姿势：仰卧，双臂伸展于胸部上方，握住同伴双手。

双手慢慢降低，使同伴的身体降低。

双肩和双臂伸展，将同伴推回原位。

10. 肩扛同伴弯腰

起始姿势：站立，肩扛同伴，双脚分开，距离大于肩宽。

腰向前倾，膝关节稍屈曲。

腰部伸展，回到起始姿势。

11. 肩扛同伴斜弓步

起始姿势：站立，肩扛同伴。

向前外侧迈弓步。

膝关节伸展，然后回到原来的姿势。

在另一侧重复动作。

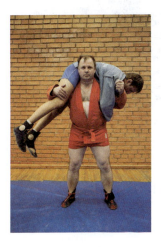

12. 同伴协助转体反向划船（抓衣物）

起始姿势：身体悬空，手抓衣物或毛巾，同伴抓住您的踝关节。

躯干向横杆拉，到达最高位置后向一侧转体。

身体慢慢降低，在另一侧重复动作。

13. 同伴协助髋关节内收

起始姿势：坐姿，同伴 1 的膝关节置于同伴 2 的膝关节外侧。

同伴 1 内收双腿，使同伴 2 的双腿抵抗阻力合拢。

同伴 2 重新分开双腿，以抵抗同伴 1 的阻力。

14. 仰卧收腹抬腿提髋

起始姿势：仰卧，手握横杆或固定的棍子。双脚向上举过头顶。

髋关节抬高，使身体处于垂直姿势。

逆向进行动作，身体慢慢降低。

15. 手握杆收腹抬腿

起始姿势：站立，手握横杆，双腿伸直。

双腿向前抬起至小腿位于头顶以上。

双腿慢慢降低，回到起始姿势。

16. 屈臂上拉（抓衣物）

起始姿势：站立于板上，身体悬空，手握衣物或毛巾。

将下颌拉至手的高度，使胸部靠近横杆。

身体慢慢降低，回到起始姿势。

17. 持沙袋摆动

起始姿势：下蹲，一只手抓住双脚之间的沙袋。

髋关节和膝关节伸展，使沙袋向上摆动至肩高。

下蹲，使沙袋摆回原来的位置，持沙袋的手臂伸至两腿之间。

18. 持沙袋上拉

起始姿势：下蹲，一只手抓住双脚之间的沙袋。

髋关节和膝关节伸展，将沙袋向上拉至胸部高度。

下蹲，将沙袋降低至原来的位置。

19. 收腹抬腿攀绳

起始姿势：身体悬于绳上，收腹抬腿。

保持收腹抬腿姿势，沿绳爬至所需高度。

身体慢慢降低，保持收腹抬腿姿势。

20. 倒立攀绳

起始姿势：身体悬于绳上，双腿伸直。

双腿抬高至头顶上方，呈倒立姿势。

保持双腿高于头顶，仅用双手攀绳。

返回起始的悬挂姿势，然后重复动作。

21. 抓绳后空翻

起始姿势：身体悬于绳上，双腿伸直。

双腿抬高至头顶上方，呈倒立姿势。

返回起始的悬挂姿势，然后重复动作。

22. 持壶铃上举

起始姿势：站立，双手各持一只壶铃，置于双肩上。

肘关节伸展，将壶铃举过头顶。

慢慢降低，回到起始姿势。

23. 持壶铃侧向飞鸟

起始姿势：站立，手臂伸直，双手各持一只壶铃于头顶。

将壶铃降低至体侧略高于肩的高度。

举起壶铃，回到起始姿势。

24. 持壶铃上翻抛接

起始姿势：站立，上身前倾，一只手持壶铃，置于两腿之间。

将壶铃摆过头顶，然后翻转壶铃，用手接其底部。

肘关节伸展，再次翻转壶铃，然后抓住壶铃把手，回到起始姿势。

25. 持壶铃上拉

起始姿势：站立，双手共持一只壶铃。

双臂向上抬起，将壶铃的把手抬至下颌处。

将壶铃慢慢降低，回到起始姿势。

26. 持壶铃举过头顶

起始姿势：站立，一只手臂伸展，持壶铃于头顶。

慢慢将壶铃降低至头后肩部。

肘关节伸展，回到起始姿势。

27. 持壶铃分腿下蹲

起始姿势：站立，一只脚在前，持壶铃于髋关节高度。

双膝屈曲，后腿膝关节降低至地面。

双膝和髋关节伸展，回到起始姿势。

28. 持壶铃弯举

起始姿势：站立，持壶铃于髋关节高度。

肘关节屈曲，将壶铃弯举至肩。

将壶铃慢慢降低，回到起始姿势。

29. 持壶铃交替弯举

起始姿势：站立，持壶铃于髋关节高度。

一侧肘关节屈曲，将一只壶铃弯举至肩。

将壶铃慢慢降低至原始位置，然后在另一侧重复动作。

30. 持壶铃单臂上摆

起始姿势：下蹲，一只手持壶铃于两脚之间。

抬起壶铃，然后髋关节和膝关节伸展，使壶铃向上摆动至高于肩的位置。

下蹲，持壶铃的手收回至两脚之间，将壶铃后摆至原来的位置。

31. 双手持单只壶铃摆动

起始姿势：下蹲，双手共持一只壶铃，置于双脚之间。

抬起壶铃，然后髋关节和膝关节伸展，使壶铃向上摆动至略高于肩处。

下蹲，双手收回至两脚之间，将壶铃摆回原来的位置。

32. 单臂持壶铃弯举至肩

起始姿势：站立，一只手持壶铃，置于两腿之间的地面上。

肘关节保持伸直时，髋关节和双腿发力，将壶铃上举。

利用所产生的动力，将壶铃翻转至肩部，形成如下图所示的架式姿势。

33. 双臂持壶铃弯举至肩

起始姿势：站立，腰部挺直，膝关节屈曲，双手各持一只壶铃，置于两腿之间。

髋关节和膝关节快速伸展，将壶铃上举。

利用产生的动力，将壶铃向上拉，置于上臂和双肩处。

34. 持壶铃双臂交替弯举至肩

起始姿势：站立，背部挺直，膝关节屈曲，持壶铃置于两腿之间。

使用髋关节和膝关节，将一只壶铃弯举至肩，另一只壶铃置于双腿之间。

将壶铃放回原位，然后将另一只壶铃弯举至肩。

高级形式

这种形式的起始姿势：将一只壶铃弯举至肩部，另一只壶铃置于双腿之间。然后，将肩部的壶铃降低至双腿之间，同时将另一只壶铃弯举至肩部。交替动作至所需次数。

35. 分腿双臂挺举

起始姿势：站立，双手各持一只壶铃于肩部。

利用爆发力伸展肘关节，将壶铃向上推举，呈分腿挺举姿势。

后腿向前迈步，返回站立姿势，将壶铃放回双肩，然后重复动作。

36. 持壶铃弯腰划船

起始姿势：站立，弯腰，膝关节稍屈曲，手持壶铃置于地面。

肘关节屈曲，抬起置于地面的壶铃。

慢慢下降壶铃至原始位置。

37. 交替持壶铃弯腰划船

起始姿势：半下蹲姿势，握住壶铃，双脚稍分开。

身体其他部位保持紧绷，将一只壶铃向上拉至腹部高度。

慢慢降低壶铃，然后在另一侧重复动作，以完成运动。

38. 单臂抓举

起始姿势：站立，弯腰，膝关节屈曲，一只手持壶铃，置于两腿之间的地面。

髋关节和双腿发力，将壶铃举过头顶。

利用起身所产生的动力，将壶铃向上翻转，然后手抓壶铃，肘关节伸展，置于头顶。

39. 双臂单壶铃抓举

起始姿势：站立，弯腰，膝关节屈曲，双手抓住一只壶铃置于两腿之间的地面。

髋关节和双腿发力，将壶铃举过头顶。

利用起身所产生的动力，将壶铃向上翻转，手抓住壶铃，肘关节伸展，置于头顶。

40. 持壶铃土耳其式坐起

起始姿势：仰卧，持一只壶铃置于头部上方。保持壶铃置于头部上方，坐起，一只手臂撑地。坐于一侧髋关节，然后将双脚收至身体下方。站起，双眼看壶铃，保持壶铃置于头部上方。逆向进行动作，然后回到起始姿势。

41. 仰卧双臂推举

起始姿势：仰卧，壶铃置于双肩。

肘关节伸展，将两只壶铃向上举。

慢慢将壶铃降低至起始位置。

42. 仰卧单臂交替推举

起始姿势：仰卧，壶铃置于双肩。

将一只壶铃向上推举，另一只壶铃置于肩关节处。

降低一只壶铃时，将对侧的壶铃向上推举。

43. 仰卧单臂推举（前伸）

起始姿势：仰卧，壶铃置于肩关节处。

肘关节伸展，将壶铃向上推举，然后在动作结束时肩关节前伸。

将壶铃慢慢降低至起始位置。

44. 弯腰划船（单臂）

起始姿势：双脚稍前后交错站立，一只手抓住双脚之间的壶铃。

将对侧的手置于膝关节上以起到支撑作用。

保持腰部稳定，将壶铃向上拉至腹部。

将壶铃降低，回到原来的位置。

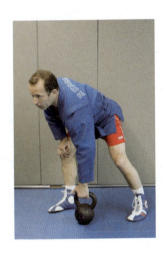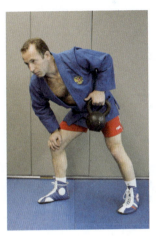

45. 持壶铃下蹲

起始姿势：站立，两只壶铃置于肩关节处。

腰部保持挺直，下蹲至最低限度。

髋关节和膝关节伸展，返回至起始姿势。

46. 持壶铃单腿下蹲

起始姿势：双腿前后站立，双手握壶铃于胸前。

未承重腿前伸，身体降低，使未承重腿的大腿与地面平行。

保持未承重腿不触地，髋关节和承重腿的膝关节伸展，回到起始姿势。

47. 持壶铃前弓步

起始姿势：站立，双手持壶铃于胸前。

一只脚向前迈步，后腿膝关节向地面降低。

前腿的膝关节和髋关节伸展，回到起始姿势。

48. 单腿下蹲（持两只壶铃于体侧）

起始姿势：单腿站立，持壶铃于膝关节高度。

膝关节和髋关节屈曲，使壶铃降低至地板附近。

用力蹬地，膝关节和髋关伸展，然后回到起始姿势。

49. 单腿站立硬拉

起始姿势：单腿站立，一只脚向后离地，双手持壶铃于体前。

身体前倾，将壶铃向地面降低，悬空腿向后伸展。腰部保持挺直，然后回到起始姿势。

50. 双手硬拉至高拉

起始姿势：站立，双脚分开比肩宽，弯腰，膝关节屈曲，双手持壶铃置于地面。

膝关节、髋关节和腰部伸展，呈竖直站立姿势。

利用向上的动力，将双手拉至下颌高度，以完成运动。

逆向慢慢进行运动，回到起始姿势。

51. 8字环绕（双腿穿越）

起始姿势：站立，右手持壶铃，置于身体右侧。

膝关节屈曲，将壶铃穿过两腿之间，传递给位于左膝后的左手。

站起，将壶铃置于身体左侧。

双膝屈曲，将壶铃穿过两腿之间，传递给右手，回到起始姿势。

52. 单臂持壶铃空中翻接

起始姿势：站立，弯腰，持壶铃于双腿之间。

向上摆动壶铃，然后在头部高度处释放壶铃。

让壶铃在空中翻转一次，然后用同一只手抓住壶铃的把手。

抓住把手后，向后摆动壶铃，使壶铃穿过两腿之间，然后重复动作。

53. 双臂交替翻接壶铃

起始姿势：站立，弯腰，持壶铃于双腿之间。

用左臂向上摆动壶铃，然后在头部高度处释放壶铃。

让壶铃在空中翻转一次，然后用右手抓住壶铃的把手。

抓住把手后，将壶铃摆回两腿之间，然后换另一侧重复动作。

54. 单臂推举壶铃

起始姿势：站立，单臂举壶铃至头部高度。

将壶铃上举过头，保持此姿势不动。

慢慢降低壶铃至起始姿势，然后重复动作。

55. 双手持壶铃于颈后弯腰

起始姿势：站立，双手持壶铃置于颈后。

弯腰，膝关节屈曲，保持背部挺直，臀部向后用力。

髋关节伸展，膝关节稍伸展，回到起始姿势。

56. 持壶铃体侧弯

起始姿势：站立，一手持壶铃，靠近髋关节。

身体向该侧屈曲，将壶铃降低至膝关节以下。

慢慢回到起始姿势。

57. 按壶铃俯卧撑

起始姿势：俯卧撑，双手各按一只壶铃。

慢慢降低躯干，保持背部挺直。

肘关节伸展，回到起始姿势。

58. 按壶铃俯卧撑屈膝至肘

起始姿势：俯卧撑，双手各按一只壶铃。

慢慢降低躯干，保持背部挺直。

一侧膝关节屈曲，并尽可能地向同侧肘关节靠近，然后返回原位置。

肘关节伸展，回到起始姿势。

59. 按壶铃俯卧撑侧踢

起始姿势：俯卧撑，双手各按一只壶铃。

慢慢降低躯干，保持背部挺直。

一条腿伸向体侧，膝关节保持伸直，然后返回原位置。

肘关节伸展，回到起始姿势。

60. 按壶铃俯卧撑划船

起始姿势：俯卧撑，双手各按一只壶铃。

慢慢降低躯干，保持背部挺直。

肘关节伸展，回到起始姿势。

到达最高位置后，一只手将一只壶铃拉至胸部位置，另一只手保持身体平衡。

61. 双手持壶铃侧平举

起始姿势：站立，双手各持一只壶铃，靠近髋关节。

将壶铃从体侧举起至肩关节高度。

慢慢降低壶铃，回到起始姿势。

3分钟悬体臂屈伸武者挑战

　　这项武者挑战是在3分钟内做尽可能多的悬体臂屈伸。这是一种评估上身相对力量和耐力的方法。悬体臂屈伸练习可很好地训练胸部肌群、肱三头肌和背阔肌的力量。尽管开始时，您的得分可能较低，但本书所述的训练计划以及其后的武者挑战会在数周内帮助您提高总分。

3分钟悬体臂屈伸武者挑战规则

（1）双脚离地后，肘关节处于锁定位置，准备下降身体时开始计时。

（2）身体下降至肘关节小于90度。

（3）肘关节伸展，返回锁定位置，记录为一次动作。

（4）您可随时休息，但计时不会停。

（5）从地面跳起，或脚触地，或肘关节未充分伸展，均视为无效。

（6）3分钟结束时，停止计数。在本书后的武者挑战评分表中记录您的分数。

马丁在位于日本东京的日本空手道协会体验卷藁板。

九

空手道

空手道的最终目的既不在于获胜，也不在于失败，而在于完善参与者的性格。获胜与失败的平衡往往取决于简单的事情。

——船越义珍，人称"空手道之父"，松涛馆空手道的创始人

当你发怒时，请放下拳头；当你举起拳头时，请不要发怒。

——宫城长顺（Chojun Migagi），刚柔流空手道的创始人

松涛馆 20 条原则

（1）空手道始于礼，终于礼。

（2）空手道不主动挑衅。

（3）空手道弘扬正义。

（4）制服他人之前请先控制自己。

（5）心术第一，技术第二。

（6）聚精会神、心无旁骛。

（7）意外源于疏忽。

（8）空手道训练不仅限于训练馆。

（9）毕生无止境地学习空手道。

（10）把日常生活当成空手道，你就会发现其中奥妙。

（11）空手道就像烧水一样，如果你不经常加热，就会冷却。

（12）不要认为你必须赢，而要认为你不必输。

（13）获胜取决于你是否有能力区分弱点与非弱点。

（14）搏击的进行方式取决于你如何在被防守或不被防守（取决于对手）的情况下进行移动。

（15）把你的双手和双脚想象成利剑。

（16）当你离家时，想想有无数的对手在等着你，你的行为会招惹这些人。

（17）初学者必须掌握低姿态和姿势，自然的身体姿势用于高级学员。

（18）练习空手道与进行实战完全不同。

（19）请勿忘记如何正确施力、使用力量弱点、伸展和收缩身体，以及掌握技术的慢与快。

（20）每天思考并践行这20条原则。

刚柔流空手道馆训（校训）

（1）谦恭有礼。

（2）量力而行。

（3）发挥创造力，认真练习。

（4）镇定而敏捷。

（5）关注健康。

（6）平淡生活。

（7）勿过分骄傲或谦虚。

（8）保持耐心，持续练习。

空手道利用各种拳击、踢腿和阻挡来防御或击败对手。这种格斗技术的许多流派都有击打，但古老的形式中还包括擒抱、关节扣和摔投。早期主要有3种形式的空手道：那霸（Naha-te）、首里（Shuri-te）和宿（Tomari-te）。这些格斗技术后期发展成4种主要流派：松涛馆流（shotokan-ryu）、糸东流（shito-ryu）、刚柔流（goju- ryu）及和道流（wado-ryu）。尽管空手道如今有许多流派，但都可追溯至这些原始流派。空手道现在是被广泛练习的格斗技术之一。据估计，全世界有3000万空手道练习者。

历史

船越义珍、摩文仁贤和（Kenwa Mabuni）和大冢信弘（Hironori Otsuka）创建了4种主要日本空手道流派：松涛馆流、刚柔流、糸东流及和道流。所有现代风格的空手道都可追溯至这些空手道流派中的一个或多个。20世纪40年代后期，许多来自不同国家的人在日本进行空手道训练，然后将这些理念带回各自的国家。

起初，空手道只作为一项格斗

技术，尚未成为一项运动。船越义珍于 1957 年去世后，日本空手道协会（JKA）在同年晚些时候举行了第一届日本全国空手道锦标赛。1963 年在法国举行了首场国际空手道比赛，比利时、法国和英国运动员参加了这场比赛。这促使了世界空手道联合会（WKF）的成立，这是世界上最大的国际空手道管理机构。日本在 1970 年举办了第一届 WKF 世界冠军赛。自此，该赛事每两年举办一次，且会在世界各地举办。

空手道常用技巧

虽然空手道始于规定动作的套路练习，不接触实战，但几种空手道流派都使用了 Bunkai，即将套路练习用于实际比赛和自卫。空手道涉及大量的拳击、阻挡，有时还会进行关节扣和摔投，还有各种各样的踢腿。综合格斗中常用的踢法如下。

（1）侧踢（Yoko Geri）：攻击者的身体向对手侧转，躯干外倾，将脚从对手体侧用力踢向其头部或腹部。

（2）跳起前踢（Mae Tobi Geri）：这是一种令人激动的动作，空手道选手跳至空中，然后双腿在最高处前踢。

（3）新月踢（Mikazuki Geri）：一种爆发性踢腿动作，需具备很强的灵活性和很高超的技术。这种踢腿动作有向内踢和向外踢两种。例如，空手道选手从任一侧抬腿，横扫目标（通常是对手的头部），然后在另一侧落回。

（4）跳起侧踢（Yoko Tobi Geri）：一种涉及竞技运动和技术的标志性踢腿动作。进行这种踢腿动作时，空手道选手朝对手的上空跳起，然后在最高处向侧面踢腿。

（5）勾踢（Ura Mawashi Geri）：一种用脚跟从侧面进行踢击的动作。这种动作类似于侧踢，但是对准对手的头部外侧，然后向后横扫，用脚跟猛击。

着装

空手道选手穿戴空手道服和腰带。有趣的是，船越义珍与柔道创始人嘉纳治五郎生于同一时期并见过面，随后空手道直接采用柔道的腰带和段位系统。空手道与柔道和柔术一样，段位系统基于腰带颜色，腰带颜色越深，选手的段位越高。

规则

不同流派和组织，有数种不同的比赛规则。多数组织不允许踢打腰部以下部位或直接击打面部。WKF 推行的规则允许对摔投或摔倒在地的对手进行拳击或踢打。选手可因符合以下6项标准的技术而获得积分：良好的形式、端正的运动态度、有力的应用、较好的意识、恰当的时机和正确的距离。面部踢打得3分，身体踢打得2分，拳击或击打面部、身体和背部都得1分，摔投或摔倒对手得3分。规定时间结束后，得分最高的选手获胜。在用于综合格斗时，必须注意的是，由已故的大山倍达（Masutatsu Oyama）和其创建的极真空手道组织的空手道比赛促进了全面接触流派的发展。世界上多数全面接触流派的空手道学校都是极真空手道的分支。极真空手道是日本第五大空手道流派。要在这些比赛中获胜，必须击倒或淘汰对手。

空手道在综合格斗中的应用

空手道基于力量强大的拳击和踢腿技术，故许多全面接触流派是综合格斗赛的优良前身。空手道强调躲避击打，故空手道选手能够在靠近和远离对手时避免受到伤害，实施快速踢腿和打击。这种能力帮助了许多原本具有空手道训练经历的格斗家，包括3个终极格斗冠军赛冠军：町田龙太、乔治斯·圣皮埃尔和查克·利德尔。除这些运动员外，综合格斗选手萨米·西尔特（Semmy Schilt）、巴斯·吕滕和轰动日本的五味隆典（Takanori Gomi）也具有全面接触空手道流派的训练经历。

空手道选手的身体要求

空手道选手必须加强整个身体，特别需要针对手、手臂、小腿和脚进行训练。空手道选手还必须培养优秀的髋关节和腿部柔韧性，以进行技术性和杂技性的踢腿动作。许多空手道选手比赛时都依赖于击打和避免被击中的能力，故速度和爆发力是有利于竞技型空手道选手的身体特性。除本章所述的体重和抗阻练习外，一些空手道选手还会使用补充运动（Hojo Undo）强化身体。传统的补充运动练习会使用到由木头和石头制成的简单器械。使用以下所有器械（本章介绍）进行补充训练有助于加强身体素质和练习标准姿势，使人能以更快的速度和更强的力量运用空手道。我知道很多读者可能无法使用这些训练器械，故本章还介绍了可使用的替代器械。

辅助训练器械

能量石

卷藁板

卷藁板是空手道训练最常用的器械，用于训练重拳和踢腿。如果没有卷藁板，也可使用沙袋。

能量石是冲绳空手道训练的常用器械，用于增强手臂、手腕和肩关节力量。如果没有能量石，也可使用大锤。

抓握罐

抓握罐用于训练强大的抓握力，有助于优化整个身体的姿势。如果没有此器械，也可使用哑铃进行辅助练习。

铁质抓握罐

铁质抓握罐的使用方法与抓握罐相同，只是不必担心它会被摔碎。如果没有这种器械，也可使用哑铃。

铁质石锁

铁质石锁用于加强双臂和双腿的力量，训练强大的抓握力。如果您没有这种器械，也可使用壶铃。

铁制木屐

这是一种用于训练腿部力量的器械。如果没有铁制木屐，也可以用铁制的绑腿代替。

空手道练习

器械辅助练习

沙袋

侧踢

前踢

回旋踢

卷藁板

直击卷藁板

反手击打卷藁板

反手劈卷藁板

侧劈卷藁板

挡手练习

推手练习

指戳卷藁板

　　空手道运动员可使用数种辅助练习来提高速度、力量和技术，以及增强身体素质。常见的练习方式包括击打重袋，或击打卷藁板，以及和同伴练习，以提高灵敏性和培养新技能。

1. 指关节撑地俯卧撑

起始姿势：俯卧撑，双手指关节和双脚脚尖撑地。

身体慢慢降低，直至胸部几乎触地，背部保持挺直。

肘关节伸展，用力抬起后背，回到起始姿势。

2. 指关节单腿撑地俯卧撑

起始姿势：俯卧撑，双手指关节和一只脚脚尖撑地。

身体慢慢降低，直至胸部几乎触地，背部保持挺直。

肘关节伸展，用力抬起后背，回到起始姿势。

3. 双手并拢指关节撑地俯卧撑

起始姿势：指关节撑地俯卧撑，双手并拢。

身体慢慢降低，直至胸部几乎触地，背部保持挺直。

肘关节伸展，用力抬起后背，回到起始姿势。

4. 双腿推举站立同伴

起始姿势：仰卧，膝关节伸展，脚底抵住同伴胸部。

膝关节屈曲，将同伴身体降低。

膝关节伸展，然后将同伴推回起始位置。

5. 同伴协助腿放低

起始姿势：仰卧，双手置于同伴踝关节上，双脚悬空。

髋关节向一侧转动，使双腿降低至同伴一侧。

双腿抬至起始位置，然后降低至另一侧。

6. 同伴协助仰卧起坐出拳阻挡

起始姿势：仰卧，双手置于下颌处，双脚与同伴的踝关节互扣。

坐起，向同伴出直拳（同伴根据个人意愿抓住或阻挡拳头）。

躯干降低，回到起始姿势。

7. 同伴抬颈直体

起始姿势：仰卧，双手置于体侧，同伴抓握您的颈部。

当同伴将您抬离地面时，您的双臂、双腿和躯干保持挺直。

身体保持挺直，直至同伴将您的身体放至地面。

8. 腹部撑同伴

起始姿势：仰卧，双手置于两侧，收腹，双腿抬起。

核心和腹部肌肉保持紧张，同伴站立于您的腹部。

保持此姿势，直至同伴退回地面。

9. 同伴攀身站立

起始姿势：稳定的格斗准备姿势。

当同伴爬至您身上时，您保持起始姿势不变。

保持此姿势，直至同伴退回地面。

10. 倚墙坐立

起始姿势：站立，背部倚墙，双膝分开。

双脚离墙，膝关节屈曲至 90 度，降低躯干。

保持此姿势至规定时间。

11. 仰卧窄握推举

起始姿势：仰卧，双脚置于地面，双手分开握杠铃，与肩同宽或更窄。

慢慢降低杠铃至肘关节靠近身体。

用力将杠铃从胸部举至肘关节完全伸展。

12. 仰卧反握推举

起始姿势：仰卧，双脚置于地面，双手握杠铃，掌心朝头部。

慢慢降低杠铃至肘关节靠近身体。

用力将杠铃从胸部举至肘关节完全伸展。

13. 仰卧宽握推举

起始姿势：仰卧，双脚置于地面，双手握杠铃，尽可能分开。

慢慢降低杠铃至胸前。

用力将杠铃从胸部举至肘关节完全伸展。

抓握罐

14. 手抓罐前臂交替抬起

起始姿势：双腿交错站立，手指抓罐。

肘关节保持伸展，将一侧罐子在体前抬起。

慢慢将罐子降低至起始位置，然后换另一侧完成动作。

15. 手抓罐单臂侧平举

起始姿势：站立，手指抓罐。

肘关节保持伸展，将一侧罐子在体侧抬高。

慢慢将罐子降低至起始位置，然后换另一侧完成动作。

16. 手抓罐双臂侧平举

起始姿势：站立，手指抓罐。

肘关节保持伸展，将两侧罐子在体侧抬高。

慢慢将罐子降低至起始位置。

17. 手抓罐高拉

起始姿势：站立，手
指抓罐。

在体前抬高罐子，肘
关节和双手抬至下颌高度。

慢慢将罐子降低至起
始位置。

18. 手抓罐交替高拉

起始姿势：站立，手指抓罐。

在体前抬高一侧罐子，该侧肘关节和手抬至下颌高度。

将罐子慢慢降低，同时将对侧的罐子以相同的方式抬高。

19. 手抓罐交替划船

起始姿势：站立，身体前倾，手指抓罐。

一侧肘关节屈曲，双肩伸展，将罐子拉向腹部。

慢慢降低罐子，用对侧的另一只罐子重复动作。

20. 手抓罐弯腰划船

起始姿势：站立，身体前倾，手指抓罐。

肘关节屈曲，双肩伸展，将罐子拉向腹部。

慢慢将罐子降低至起始位置。

21. 手抓罐弯腰飞鸟

起始姿势：站立，身体前倾，手指抓罐。

肘关节稍屈曲，双肩伸展，将罐子在体侧抬高。

慢慢将罐子降低至起始位置。

抓哑铃（因可使用哑铃代替铁质抓握罐且哑铃更常用，下文描述皆使用"哑铃"）

22. 体前抬臂抬腕

起始姿势：站立，双手各抓住一个哑铃，置于体侧。

将哑铃在体前抬高。

动作结束时，抬手腕将哑铃指向前方。

逆向进行动作，然后降低至起始姿势。

23. 单臂回旋

起始姿势：站立，手抓哑铃，置于体侧。

用一个哑铃在体前画圆圈，向上越过头部和对侧肩关节，然后向下回到起始位置。

24. 双臂回旋

起始姿势：站立，手抓哑铃，置于体前。

先将哑铃抬至胸前，然后越过头顶，向外侧移动，然后向下返回起始位置，使两个哑铃在空中画圈。

25. 蝎式俯卧撑

起始姿势：俯卧撑，双手撑于哑铃顶部。

胸部降低至哑铃顶部高度，然后一条腿朝对侧方向伸至空中。

将腿收回，然后用力回到起始位置。

26. 仰卧肱三头肌交替伸展

起始姿势：仰卧，持哑铃于胸前，肘关节伸展。

肘关节屈曲，将一个哑铃降低至头部一侧。

将哑铃举回起始位置，然后在另一侧重复此动作。

27. 仰卧举哑铃过头

起始姿势：仰卧，持哑铃于胸前，肘关节伸展。

双臂持哑铃向头顶方向移动，至接近地面，掌心向上。

再次将哑铃置于胸前，回到起始位置。

28. 坐立单腿悬空

起始为坐姿，肘关节屈曲，双手抓住哑铃顶部并将哑铃置于体后两侧。

肘关节伸展，髋关节离地，一只脚向上抬起。

保持此姿势至所需时间，然后慢慢下降，回到起始姿势。

29. 身体悬空收腹伸腿

起始为坐姿，肘关节屈曲，双手抓住哑铃顶部并将哑铃置于体后两侧。

肘关节伸展，髋关节和双腿抬离地面。

保持此姿势至所需时间，然后慢慢下降，回到起始姿势。

30. 坐姿收腹抬腿

起始姿势：仰卧，双手持哑铃，置于头顶上方，双腿伸直。

双腿抬至空中，举哑铃至髋部上方。

慢慢下降，回到起始的姿势。

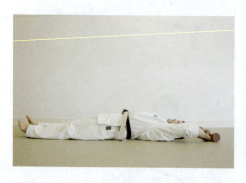

31. 坐姿收腹交替抬腿

起始姿势：仰卧，双手持哑铃，置于头顶上方，双腿伸直。

一条腿抬至空中，举哑铃至髋部上方。

慢慢降低，换另一条腿重复该动作。

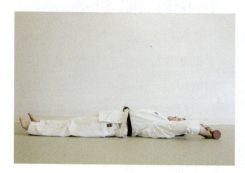

32. 脚趾触碰

起始姿势：仰卧，双手持哑铃，置于头顶上方，双脚向上抬起。

向脚趾方向举哑铃，肩胛骨离地。

慢慢降低双臂和胸部，然后重复该动作。

33. 收腹转体

起始姿势：坐姿，双脚抬至空中，双手持一个哑铃于胸前位置。

双腿保持不动，转体至一侧。

回到起始姿势，转体至另一侧。

木屐

34. 穿屐侧踢

起始姿势：双脚前后站立，后脚穿木屐。

抬起加重脚，稍微置于身体后。

转体，用加重脚进行侧踢。

保持此姿势至所需时间，然后回到起始姿势。

35. 穿屐抬膝

起始姿势：双脚前后站立，后脚穿木屐。

加重脚勾脚，该侧的膝关节向侧面或前面抬起。

保持此姿势至所需时间，然后回到起始姿势。

36. 穿屐前踢

起始姿势：双脚前后站立，后脚穿木屐。

加重脚和膝关节向上抬至体前。

膝关节伸展，然后用加重脚进行前踢。

保持此姿势至所需时间，然后回到起始姿势。

37. 穿屐下踢

起始姿势：双脚前后站立，前脚穿木屐。

加重脚和膝关节向上抬至体前。

膝关节伸展，然后用加重脚进行下踢。

保持此姿势至所需时间，然后回到起始姿势。

38. 穿屐前侧摆腿

起始姿势：面朝墙壁站立，双手扶墙，保持平衡，加重脚稍向前。

转髋，加重脚向身体前上方踢。

加重腿向后摆至起始位置，然后抬加重腿至体侧。

回到起始姿势。

39. 穿屐后抬腿

起始姿势：双手和一侧膝关节撑地，加重腿向后伸展。

加重腿的膝关节保持伸直，脚跟向上抬，略高于头部。

慢慢返回起始姿势。

40. 穿屐后抬腿前踢

起始姿势：双手和一侧膝关节撑地，加重腿向后伸展。

加重腿的膝关节保持伸直，脚跟向上抬，略高于头部。

加重腿向前踢至体侧，抬起。

加重腿放回身体后，然后返回起始姿势。

41. 穿屐屈膝侧举

起始姿势：双手和双膝撑地，肘关节伸展，脚尖着地。

加重腿的膝关节保持屈曲，膝关节和脚向上抬至髋关节高度。

慢慢返回起始姿势。

42. 穿屐膝前伸画圈

起始姿势：双手和双膝撑地，肘关节伸展，脚尖着地。

加重腿的膝关节保持屈曲，膝关节和脚向后、向上抬至髋关节高度。

像翻越栅栏一样，将膝关节向前拉，保持高度不变。

慢慢返回起始姿势。

43. 穿屐腿侧抬

起始姿势：双手和一侧膝关节撑地，加重腿伸展至体侧。

加重腿的膝关节保持伸直，脚向上抬至头部高度。

慢慢返回起始姿势。

石锁

44. 转体抬臂至体前

起始姿势：站立，双脚分开，与肩同宽，手持石锁，置于髋关节处。

转体至一侧，抬臂至体前，并将石锁翻转。

对侧手臂应稍向后伸展。

双臂回到起始位置。

45. 腕内旋和外旋

起始姿势：站立，肘关节屈曲置于体前两侧，手握石锁，掌心朝上。

一只肘关节伸展，在握住石锁的同时手掌向下翻转。

手回到起始位置，然后在另一侧重复该动作。

46. 伸腕

起始姿势：站立，手持石锁于体侧。

手腕伸展，手臂抬高，将石锁抬起。

保持此姿势至规定时间，然后回到起始姿势。

47. 屈髋至体前侧

起始姿势：站立，一只脚钩住石锁。

承重腿的膝关节向上抬至体前或体侧。

保持此姿势至所需时间，然后回到起始姿势，换另一侧完成此动作。

48. 体前抬臂翻锁

起始姿势：站立，持石锁于髋部高度，掌心朝后。

抬起一只手臂，将石锁向上翻转至手腕顶部。

以相同方式抬起另一只手臂。

降低抬起的第一只臂，然后降低第二只手臂，回到起始姿势。

49. 侧举互扣

起始姿势：站立，持石锁于髋前。

双臂抬至体侧，将石锁置于头顶高度，手掌向前翻转。

将石锁在脸前并拢，用力将石锁底部压在一起。

降低至起始位置。

能量石

50. 持能量石内摆后倒置

起始姿势：下蹲，手持能量石向外伸出。

膝关节伸展，在体前抬起能量石至头顶上方。

下蹲后在体前"抓握"能量石。

51. 手持能量石单臂"斧劈"

起始姿势：站立，手持能量石，置于背后，肘关节置于头部高度。

下蹲，将单臂和能量石向前"劈"。

手持能量石至所需时间，然后回到起始姿势。

52. 手持能量石双臂"斧劈"

起始姿势：站立，双手持能量石，置于后背，肘关节置于头部高度。

下蹲，将双臂和能量石向前"劈"。

手持能量石至所需时间，然后回到起始姿势。

53. 手持能量石交替"斧劈"

起始姿势：站立，一只能量石置于背后，另一只置于体前，能量石置于背后的一侧肘关节置于肩部高度。

后臂向前"劈"，前臂向后移。

手持能量石至所需时间，然后双臂轮换动作。

54. 体前平握能量石

起始姿势：站立，手握能量石（小指在上），能量石的把手与腿平行。

肘关节尽可能保持伸直，抬起能量石至体前，使能量石的把手与地面平行。

慢慢降低能量石，回到起始位置。

55. 体后平握能量石

起始姿势：站立，手握能量石（小指在下），能量石的把手与腿平行。

肘关节尽可能保持伸直，在体后抬起能量石，使能量石的把手与地面平行。

慢慢降低能量石，回到起始位置。

56. 体前单臂举能量石

起始姿势：站立，于体前持握能量石。

保持能量石稳定，将能量石尽可能举高。

保持此姿势至所需时间，然后回到起始姿势。

57. 双手持能量石体前举

起始姿势：站立，双手于体前持握能量石。

保持能量石稳定，将能量石尽可能高地举过头顶。

保持此姿势至所需时间，然后回到起始姿势。

58. 双手持能量石"前劈"

起始姿势：站立，双脚前后分开，双臂举过头顶，于身后持握能量石。

能量石向前"劈"，然后停于体前，后脚向前迈步。

保持此姿势至所需时间，然后回到起始姿势。

59. 持握能量石单臂回转

起始姿势：站立，单手握住能量石。

将能量石越过体前，肘关节抬至头顶高度。

能量石绕过后背，然后向外侧移动，肘关节降低。

手腕向后翻转，降低至起始姿势。

60. 持握能量石双臂回转

起始姿势：站立，双手握住能量石，置于体前侧。

能量石越过体前时，肘关节抬至头顶高度。

能量石在体后绕行，然后移至一侧，尽可能靠近身体。

手腕向后翻转，然后下降，回到起始姿势。

61. 持握能量石坐立划船

起始姿势：仰卧，膝关节屈曲，于胸部位置持握能量石。

坐起，然后在最高处转至能量石的把手一侧。

身体慢慢降低，变换能量石的方向，然后在另一侧重复该动作。

62. 持握能量石体侧弯

起始姿势：站立，双手持握能量石并上举。

身体向能量石一侧倾斜。

慢慢回到起始姿势。

4 项自重训练综合武者挑战

　　这项武者挑战是在 1 分钟内进行其他武者挑战中的 4 项挑战。这 4 项挑战是俯卧撑、引体向上、仰卧起坐和悬体臂屈伸。这 4 项挑战常用于评估运动员的相对体力。当这些挑战组合在一起时，不仅可评估运动员的体力，还可评估运动员的耐力和心理韧性。未曾在 5 分钟内进行这些挑战的运动员在第一次尝试这一挑战时可能会感到难度很大。进行本书中的训练，并在整个训练中实际参与挑战，可使您的总分增加。

4 项自重训练综合武者挑战规则

　　（1）呈俯卧撑姿势，然后启动计时器。

　　（2）在 1 分钟内尽可能多地进行俯卧撑，然后在下次挑战前休息 15 秒。

　　（3）在 1 分钟内尽可能多地进行引体向上，然后在下次挑战前休息 15 秒。

　　（4）在 1 分钟内尽可能多地进行仰卧起坐，然后在下次挑战前休息 15 秒。

　　（5）在 1 分钟内尽可能多地进行悬体臂屈伸。

　　（6）4 项挑战中任何不完整的动作均不计入总分。

　　（7）将所有单项的挑战分数加在一起得出总分。

　　（8）在本书后的武者挑战评分表中记录您的分数。

一名俄罗斯运动员轻松地用 70 磅（约 31.8 千克）重的壶铃练习。

第 II 部分

训练计划

俄罗斯雅罗斯拉夫尔的一
家传统格鲁吉亚餐厅供应
的美食。

十

运动营养

我在对本书中单项格斗技术的研究中，发现每一种格斗技术史都有一个有趣的现象：记录该项格斗技术比赛开始使用重量级别的日期。在格斗技术发展的早期阶段，参赛者的体重不受限制。随着格斗技术体系变得更加完善，格斗家的技术水平不断提升，较重的运动员具有明显的优势。较重的运动员不仅个头大，力量也大。在某种程度上，较大的个头和力量使技术无用武之地。当这种现象非常突显时，人们就设立了重量级别，以确保运动员在比赛期间的体重大致相当。无论您是否同意重量级别，综合格斗家的目标都是在其重量等级中尽可能具备最大力量和最大重量。事实上，一名武者应力图成为世界上最强壮的武者！实现这一目标涉及武者训练系统所述的 3 个具体领域：在比赛前进行进阶力量训练并增加肌肉、确保合理的营养，以及正确地控制体重。当这 3 项都到位后，除出色的技术和体能系统训练外，这位格斗家就在身体上为比赛做好了充分的准备（虽然心理准备是另一项专业而重要的训练内容，但在某种程度上也取决于充分的身体准备）。

一名武者应与在自己生疏的领域具备渊博知识的人交往。高速度、强大的力量和耐力是我的核心竞争力；而在营养方面，我向顶级专业人士咨询。在撰写本书时，我聘用了一位注册营养师格伦·托比亚斯（Glen Tobias），他是获得认证的 149 位体育营养学专家之一。格伦·托比亚斯是 e3 健康和体重管理解决方案的所有者和创始人，与许多运动员合作过，并帮助他们取得了佳绩。尽管格伦·托比亚斯忽略了多数人对营养及其如何影响运动成绩的了解，

但他的以下建议使用了对许多人而言似乎是常识般的简单思维。

本章将向您讲述必要的营养知识，使您能够将武者的关键控制点应用于日常生活。如果您照此执行，并根据样本膳食计划控制您的饮食，您就能控制营养的摄入。这种控制结合本书所述的训练方法必会产生良好效果。

营养控制

格伦·托比亚斯，理学硕士，注册营养师，认证体育营养学专家。

许多参加综合格斗比赛的选手都知道他们在休赛期个头必须大一点和（或）体重必须更重一点。对于这样的选手，我们将休赛期定义为1场比赛后直到下1场比赛前约6~10周。现在每个人都在关注这个至关重要的

领域，故在准备比赛的这一时期，您的营养摄入必须遵章而行。

简单明了地说，1名选手要想在个头和力量方面具有竞争力，其体重需比正常的比赛体重高约9千克。这就表示在准备比赛过程中控制体重与训练的其他任何方面同等重要。不要指望您能够在比赛前一周通过减少水量来减肥。您有时需要在比赛前12周开始减肥。

多数选手犯的一个常见错误就是很担心"吃什么"。虽然他们可获得正确信息，但常常遗漏了食用这些食物的方法。为帮助选手进行武者训练计划，我们指出5个武者关键控制点。这些都是每名认真的武者在营养方面必须关注的重点。

关键控制点

（1）每日膳食。

"每日三餐，顿顿吃饱"的想法并不适用于每天进行多次训练的武者。通常这样的武者每天大约需吃6餐。一想到每天就餐那么多次，可能会感到头疼，我可以推荐一些简单的方法，省去不必要的麻烦。例如，不要一次只做一顿饭。如果已经搭上了烧烤架，或已经打开了烤箱，那为何不多准备几顿营养餐。也可以每天吃一两顿替代餐或能量恢复餐。如果是

一个"努力增重者"（一个精瘦或"削瘦"的运动员，很难增加体重或肌肉），这尤其重要。

（2）用餐时机。

每3~4小时进餐1次，这对于优化体能和稳定血糖至关重要。

如果两餐之间间隔时间太长，身体会感到过于饥饿，容易导致过度饮食，或在食物选择上过于草率。简单的办法就是食用能量棒或奶昔，这样就不会长时间不吃东西。每天在训练袋内备着能量棒、水果和水，这是对比赛的积极求胜态度的体现。

（3）混合蛋白质、脂肪和碳水化合物。

您所吃的食物比例对于稳定血糖至关重要。许多人关心血糖指数（Glycemic Index，GI）并据此饮食。血糖指数是指根据血糖升高的速度对单一食物进行排名。了解营养知识的武者不应该一次只依靠一种能量来源，故这不是他们需关心的事情。我们都吃饭，故我们更关心这一餐的血糖负荷（Glycemic Load，GL）而非单一食物的血糖指数。可用花生酱三明治这一种经典主食来理解血糖指数和血糖负荷之间的区别。如果仅吃白面包，血糖指数会很高，血糖水平会受很大影响。一旦您将花生酱抹在白面包上，由于增加了脂肪和蛋白质，血糖负荷低于仅吃白面包。不要认为我这是要您吃白面包，您只需要理解此例子中的血糖负荷，记住每名武者必须保证每餐的营养平衡。

（4）膳食质量。

您选择的食物质量对于获得最佳成绩至关重要。您的身体只能利用定期摄入的能量、营养和植物化学物质。您的对手吃得比比赛准备期间好，因此您更应选择营养丰富的食物。

营养丰富的食物的绝佳选择是有机瘦肉、已知来源的鱼肉，以及有机水果和蔬菜。对于农产品，尽可能多地变换颜色，这是一个不错的经验，能确保获取大量的抗氧化剂，这对于在比赛准备期间承受巨大压力的身体进行防御和修复至关重要。

（5）潜在的过敏症。

说到身体防御，每名武者都必须关注免疫功能。这有两个重要原因。如果您在比赛前的数周内生病或过敏，训练和比赛将受到影响。如果您生病了，您身体的主要功能就是恢复动态平衡，所有能量都会用于实现此目标。这在比赛准备期间可能是灾难性的，因为此时您需要的是将身体潜

能集中于训练和最终的比赛。

　　强烈建议您去找过敏症专科医师就诊，然后进行全面检查。虽然您可能认为自己对任何食物都不过敏，但即使是轻微的过敏也会使您表现不佳。如果您吃了某种食物之后感到头痛或胃痛甚至感到疲倦，这可能是您的身体发现了问题并向您做出了提示。

生活方式控制点

　　一旦您开始解决关键控制点，就可以接着开始关注与营养和成绩相关的更多具体细节了。武者必须认识到以下因素的重要性，然后进行控制。

　　（1）睡眠。

　　睡眠质量比您想象的更重要。尽管每个人需要的睡眠量不同，但根据自己的身体节奏，每个人都要有适量的睡眠。您的睡眠时间应与身体的睡眠周期相匹配。每个完整的睡眠周期（具有5个睡眠阶段）至少需要45分钟。尽管最少睡眠时间为6小时，但不建议如此，因为运动表现会受到影响。我建议训练期间的睡眠时间为

7~9小时。

　　当一名武者睡眠充足时，他在醒来后会感到精神焕发、精力充沛，而不是迟钝和疲惫。每个人至少经历过一次辗转难眠。如果您的睡眠不足，就无法完全修复训练造成的伤害。有趣的是，激素水平还会下降，您会感到饥肠辘辘。随着睡眠量的减少，一种称为瘦素的激素（让您感到吃饱了）降低，饥饿激素（促进食欲）增加。睡眠不足会给您造成双重打击，在您应该减肥的数周内，体重可能灾难性地增加！您不仅感到疲倦，而且您开始想吃更多的食物，使训练和减肥更加困难。

　　除有感到疲劳和体重增加的风险之外，身体还将这种睡眠限制视为一种压力，使皮质醇激素增加。皮质醇激素具有促进分解代谢的作用，能分解肌肉组织。一名想收紧肌肉和减肥的选手要做的最后一件事就是提高皮质醇激素水平。这也是为什么睡个好觉至关重要的另一个原因。

　　（2）补充剂。

　　这可是一个重要的内容，不要相

信那些用于销售无效或不适用的产品的错误信息。多数人从花哨的营销广告或朋友那里了解营养品信息，而这些人或许也是从相同的广告中得知这些信息的。

复合维生素

首先，需服用质量好的复合维生素（矿物质）产品。虽然这似乎是每个人都知道的事情，但是与我合作的选手中这样做的人很少。复合维生素是减肥和增加肌肉的好产品。当您减肥时，尽管限制摄入的热量，但您在训练期间的营养需求会显著增加。为防止身体依靠肌肉获取营养，您需摄入更多的营养，摄入很少或不摄入热量。复合维生素具有这样的作用，您可将其视为选手的"营养保险"。简而言之，武者的目标是使成绩最佳，复合维生素有助于确保身体的每一个动作都能顺利而轻松地进行。

抗氧化剂

抗氧化剂可清除体内的自由基。当您进行训练时，细胞受损，而抗氧化剂有助于它们的修复。尽管很多武者都听过抗氧化剂，但多数人都不重视。我再说一遍，您的目标是尽可能修复身体，避免训练中受到能量水平低甚至身体损伤的影响。建议服用至

少含 15 毫克叶黄素的抗氧化剂消除自由基。此外，抗氧化剂还能保护您的视力。

支链氨基酸 / 谷氨酰胺

另一项建议是服用具有抗分解代谢作用的支链氨基酸（BCAAs）、谷氨酰胺（Gln），以及一些有助于皮质醇合成的物质，以进行修复。肌肉的很大一部分由支链氨基酸构成，在锻炼前后消耗。谷氨酰胺对于细胞和组织修复也很重要。我推荐键合肽和游离肽形式的产品（不仅仅是游离形式）。游离肽主要被细胞更新率非常高的小肠利用。我们希望将支链氨基酸的有效载荷送达肌肉，故键合肽有助于其通过肠道，使补充剂更有效。

代餐

代餐对于获得额外的膳食营养非常重要。这对于努力增加体重与力图减肥的武者同样重要。代餐可使努力增加体重的人快速而轻松地摄入大量热量。想在代餐中增加热量，可使用下面一些经典食物：花生酱、燕麦片、亚麻油、果汁和低脂牛奶。代餐可使您轻松地控制摄入的热量，是对减肥更感兴趣的武者的不错选择。

代餐对于不吃早餐的武者尤其重要。早餐是重要的一餐，代餐易于吸

收且营养丰富。代餐也是一天中的最后一餐，您应该在就寝前食用代餐，以助您恢复，防止肌肉分解。虽然有些人可能认为睡前吃东西不好，但请注意，睡眠是您不吃东西最长的一段时间，也是恢复和再生的时间。请保证体内有适宜的能量以助恢复。

蛋白质

一名武者必须知道所有蛋白质并非完全一样。重要的是不仅要了解某些类型蛋白质的差异，还要了解常见食物中的蛋白质来源。

补充剂中常见的蛋白质来源是乳清、大豆、牛奶和鸡蛋蛋白。生物价（Biological Valence，BV）定义为身体利用和吸收蛋白质的程度，据此可对这些蛋白质进行排序。根据生物价量表：

乳清 =104；

鸡蛋 =100；

牛奶 =91；

牛肉 =80；

酪蛋白 =77；

大豆 =74。

使用生物价是了解蛋白质完整程度的一种方法，但这并不是考察蛋白质的唯一方法。您还必须考虑身体消化蛋白质的速度。乳清蛋白消化迅速，而鸡蛋和牛奶消化较慢。在决定何时食用什么类型的配方餐时，这些问题非常重要。例如，运动后的配方餐应主要含乳清蛋白，身体此时需立即进行营养重建，防止运动后的分解代谢。睡前食用的配方餐应含乳清蛋白、鸡蛋蛋白和乳蛋白，以持久地释放氨基酸。对武者的提醒：如果只有乳清蛋白，只需将它与低脂牛奶混合，就是一份晚餐。

能量 / 运动饮料

一名武者现在应该知道适当的水合作用很重要。人体内的水分含量超过 60%，我们的表现、我们的健康，更多地取决于我们能否适当地补充水分。虽然很多武者喝水比普通人多，

但一部分武者仍然会受花哨的广告和精明的营销活动误导，常饮用运动饮料和能量饮料进行水合作用。

运动饮料通常是一种含糖的水基饮料，偶尔还含有少量电解质。能量饮料通常是一种水基碳酸饮料，含中枢神经系统兴奋剂，如咖啡因和巴西可可。我希望武者意识到这两种产品在补充剂领域出现时间相当短，仅是"时尚"而非科学。只有在炎热的环境中训练，且训练时间超过 90 分钟，您才需要喝运动饮料。如果是这两种情况中的任何一种，您只需在锻炼 60 分钟后喝标准瓶运动饮料的一半，然后每 30 分钟喝半瓶。记住在此过程中，每 15 分钟继续喝水。

我建议您在训练时远离能量饮料。这些饮料不仅使您在即将进行的锻炼中心率增加，还可能使您感到短期疲劳，甚至使您的肾上腺"耗竭"，肾上腺可是您最强大的武器之一。虽然能量饮料有助于提高持续时间短的运动项目的成绩，但 1 场比赛可持续 15~25 分钟，还不算 2 轮比赛之间的休息时间。心率增加会使身体消耗更多能量，影响肾上腺素水平，这对于比赛成绩而言可能是灾难性的。除这些问题外，能量饮料还具有利尿（让您排尿）的功能，会破坏适当补水的目标。在此我不想误导您，请远离您

最喜欢的饮料，但如果您感觉锻炼时没有精力，请先看看您的睡眠是否充足以及是否关注了关键控制点。

（3）超级食品。

"超级食品"这个词现在无处不在，我们把它定义为自然界中的营养丰富而廉价的食物。这些食物是我们自己无法产生的必需营养物质的优质来源。虽然武者努力吃得好，但也必须注意食物质量的问题。现在有些食物种植于被农药覆盖而矿物质贫瘠的土壤中，还添加了添加剂和防腐剂，故我们在选择食物时必须更加小心。"超级食品"有助于武者明智地选择食物。

作为本书研究的一部分，我研究了我去过的国家的几种"超级食品"。其中一些可能很难找到，但都是饮食计划的绝佳选择。

巴西

巴西莓一直是亚马孙部落的一种主食。据证明，其含有大量花青素，具有强大的抗氧化性能，这种红色素也是红葡萄酒中的颜料。巴西莓的氧化自由基吸收能力（衡量食物抗氧化能力）等级是自然界中最高的一种。

金虎尾果可食用，常被制成果汁。这种果实因含大量的维生素 C 而

维生素 C，不仅可降低患心脏病和癌症的概率，还具有抗炎作用。

日本

虽然所有茶都含抗氧化剂，但绿茶含抗氧化剂表没食子儿茶素 -3- 没食子酸酯，这是一种儿茶素，已证明可抑制癌细胞生长，可能有助于降低胆固醇，减少脂肪。

闻名。维生素 C 可强化血管壁，有助于防止瘀伤。金虎尾果汁含有的维生素 C 是橙汁的 32 倍。金虎尾果的氧化自由基吸收能力等级是食品中最高的一种。

泰国

山竹果长于泰国，因其对健康具有独特的益处而备受推崇。山竹果含黄嘌呤和特有的抗氧化剂，有助于修复由压力、疾病和其他因素产生的自由基对细胞造成的损伤。

美国

蓝莓富含抗氧化剂和植物类黄酮。蓝莓在氧化自由基吸收能力等级表上的得分也相当高。蓝莓富含钾和

俄罗斯

罗宋汤是一种用甜菜制成的汤，在俄罗斯是常见食品。甜菜因高含量的抗致癌物质和极高的类胡萝卜素含量而独树一帜。甜菜含抗氧化剂，有助于预防心脏病和某些癌症。β - 花青苷使甜菜呈深红色，这种色素可提

高血液的携氧能力。

了解身体成分

　　了解身体成分对每名格斗家来说都至关重要。参加比赛的两名选手的体重可以相同，但体脂百分比差异很大。两人的身体条件不同，表现也完全不同。您的目标是在您的体重等级中拥有尽可能多的肌肉量和尽可能少的体脂。如何准确评估您的体脂百分比？我建议由同一个人使用卡尺进行测量，在休赛期每2周测量1次，然后在比赛前12周每周测量1次。测量一致性比准确性重要。比赛时体脂百分比为8%~12%或更低是较好的

情况。这就意味着，比赛前6周您的体脂百分比不能达20%。如果您的体脂百分比很高，就需要在训练周期的早期开始减少脂肪，以达到合理的体重。您必须明白，这与在比赛前一周减重大不相同。比赛前几天可轻松地减掉10磅（约4.5千克）。

　　这种心态的问题在于，虽然您的体重达标，但您仍有多余的体脂。

　　有一条不错的经验，在保持肌肉质量的同时，每周可减掉1磅（约0.45千克）的脂肪。了解您的体脂百分比和体重后，您就可以确定体内的脂肪质量。此数字有助于您直接确定需多少周才能达到最佳减肥目标。

练习实例

选手先生在即将到来的比赛前 10 周重达 204 磅（约 92.5 千克）。他参加比赛的体重为 185 磅（约 84 千克），需保持尽可能多的肌肉，尽可能多地减掉身体多余的脂肪。此时，选手先生的体重超过限度 19 磅（约 8.6 千克），他的体脂百分比是 13%。根据这些统计数据可知，他身上有 26.52 磅（约 12 千克）的脂肪。目标是保持体脂为 9%，即 16.65（约 7.6 千克）的脂肪。

按照此计划，选手先生必须减掉 8 磅（约 3.6 千克）的脂肪。他应该每周减掉 1 磅（约 0.45 千克）的脂肪，以保持尽可能多的肌肉，故在比赛前几天减掉最后 10 磅（约 4.5 千克）水之前，选手先生大约需要 8 周的时间达到他的目标体脂。

选手先生的每周突击计划

尽管为保持目前的体重，选手先生每天需要大约 3600 千卡（约 15069 千焦）的热量，但为了实现减肥 4% 的目标，他每天需要摄入大约 3100 千卡（约 12976 千焦）的热量。这比他的维持量低 500 千卡（约 2093 千焦），每周可以减 1 磅（约 0.45 千克）的脂肪。他必须在比赛前 8 周开始训练。他还需要每周评估减肥的进展，以便在必要时对热量和训练方式进行可能的调整。太早以及太晚开始计划会使身体承受太大的压力，瘦体重（肌肉）的损失较大。这可不是他的目标，故提前规划和正确执行是成功的关键。

膳食计划样本

以下的膳食计划仅是对如何获取营养的理念指南。根据您的需要以及严格程度，计划中的热量会有所不同。有些计划涉及更常见的食物选择，有些则不太常见。请根据您的具体训练计划调整膳食。您必须在训练后 30~45 分钟内进餐。

请记住，这些计划只是一个例子。一定要吃您喜欢且营养丰富的食物。这些计划旨在能轻松应用食物交换份法。可通过食用一些瘦肉或其他含有优质蛋白质的食物获得蛋白质。一些水果和蔬菜可以相互替代。在替代碳水化合物时，请始终选择含较多纤维的复合碳水化合物。

以下是许多营养书籍中常见的每日需求量指南。

碳水化合物：每天 5~8 克 / 千克体重。

蛋白质：每天 1.2~1.7 克 / 千克体重。

脂肪：其余的热量，但要选择有利于心脏健康的来源。

这些指南不仅令人费解，还低于一些运动员认可的量，故我概述了以下规则，以便用较简单的术语表达每日需求量。

在一天结束时，您的膳食至少需要 40% 的碳水化合物，否则您将无法为身体提供适当的"燃料"。根据您的体重和目标，45%~60% 的碳水化合物足够提供所需能量。如果您选择的量低于此值，您会表现不佳且力量减少，身体会用您摄入的蛋白质产生能量，而不是您期望的生长和修复。

每天摄入的蛋白质含量不应超过热量摄入量的 50%，摄入更多的蛋白质既不必要也昂贵。25%~40% 是不错的目标，且最大值为 40%，这无论如何都大于您的需求。尽管您的脂肪含量不应低于每日热量摄入的 10%，但只要选择的食物能保持心脏健康，如 ω-3 脂肪酸，脂肪含量达到 15%~30% 也是可以接受的。

2700 千卡（1 卡 ≈ 4.186 焦）膳食计划样本 1

上午 8:00 至 8:30　早餐

份量	食物	热量/千卡	碳水化合物	蛋白质	脂肪
1 片（1 盎司，约 28.35 克）	切达奶酪	113	0.36 克（1%）*	6.97 克（26%）	9.28 克（72%）
1 块	英式全麦松饼	134	26.66 克（76%）	5.81 克（15%）	1.39 克（9%）
1 杯	脱脂牛奶	83	12.15 克（56%）	8.26 克（42%）	0.20 克（2%）
1 杯	切半草莓	49	11.67 克（86%）	1.02 克（7%）	0.46 克（8%）
6 个大的	新鲜的蛋白	103	1.45 克（5%）	21.58 克（91%）	0.34 克（3%）
早餐总计：		482	52.29 克（41%）	43.64 克（48%）	11.67 克（21%）

上午 11:00 至 11:30　点心

份量	食物	热量/千卡	碳水化合物	蛋白质	脂肪
1 包（2 块饼干）	营养块	220	32.00 克（58%）	10.00 克（18%）	6.00 克（25%）
点心总计：		220	32.00 克（58%）	10.00 克（18%）	6.00 克（25%）

下午 2:00 至 2:30　午餐

份量	食物	热量/千卡	碳水化合物	蛋白质	脂肪
2 片大的（厚约 12.7 毫米）	西红柿，生的	10	2.10 克（78%）	0.48 克（12%）	0.11 克（9%）
1 块大的	全麦皮塔饼	170	35.20 克（79%）	6.27 克（13%）	1.66 克（8%）
1 个特大号的（直径约为 23 厘米）	香蕉	135	34.72 克（92%）	1.66 克（4%）	0.50 克（3%）
1/4 杯，打成泥	牛油果	69	4.50 克（23%）	1.28 克（6%）	5.78 克（70%）
6 盎司（约 170.1 克）	鸡胸肉，仅以肉计算	282	0.00 克（0%）	52.80 克（75%）	6.00 克（19%）
午餐总计：		666	76.52 克（42%）	62.49 克（37%）	14.05 克（18%）

下午 5:00 至 5:30　点心

份量	食物	热量/千卡	碳水化合物	蛋白质	脂肪
1 份配餐	代餐	304	27.00 克（36%）	28.00 克（37%）	8.00 克（24%）
点心总计：		304	27.00 克（36%）	28.00 克（37%）	8.00 克（24%）

晚上 8:00 至 8:30　晚餐

份量	食物	热量/千卡	碳水化合物	蛋白质	脂肪
1 杯	冷冻后切碎的西蓝花	52	9.84 克（68%）	5.70 克（27%）	0.22 克（4%）

* 该类表格中，括号内的百分数表示每类营养素提供的热量的比例；因比例的计算结果采用了计数保留法，存在三类营养素的比例相加不等于 100% 的情况。

2700 千卡（1 卡 ≈ 4.186 焦）膳食计划样本 1（续）

份量	食物	热量/千卡	碳水化合物	蛋白质	脂肪
6 盎司（约170.1 克）	鳕鱼	178	0.00 克（0%）	38.81 克（93%）	1.46 克（7%）
1½杯	煮熟的长粒糙米	325	67.16 克（85%）	7.55 克（8%）	2.63 克（7%）
½大汤匙	橄榄油	60	0.00 克（0%）	0.00 克（0%）	6.75 克（100%）
晚餐总计：		615	77.00 克（51%）	52.06 克（33%）	11.06 克（16%）

晚上 11:00 至 11:30　点心

份量	食物	热量/千卡	碳水化合物	蛋白质	脂肪
1 杯	蓝莓	83	21.01 克（92%）	1.07 克（4%）	0.48 克（5%）
1 杯	乳脂含量 1%的牛奶	102	12.18 克（46%）	8.22 克（34%）	2.37 克（20%）
2 勺	乳清蛋白粉（任何口味）	208	12.00 克（23%）	40 克（77%）	1.00 克（4%）
点心总计：		393	45.19 克（43%）	49.29 克（51%）	3.85 克（9%）
总计：		2680	310 克（45%）	245.48 克（37%）	54.63 克（18%）

2700 千卡（1 卡 ≈ 4.186 焦）膳食计划样本 2

早餐 1

份量	食物	热量/千卡	碳水化合物	蛋白质	脂肪
1 包（2 块饼干）	营养块	220	32.00 克（58%）	10.00 克（18%）	6.00 克（25%）
早餐 1 总计：		220	32.00 克（58%）	10.00 克（18%）	6.00 克（25%）

早餐 2

份量	食物	热量/千卡	碳水化合物	蛋白质	脂肪
1 杯（未包装）	低脂干酪	203	8.20 克（16%）	31.05 克（65%）	4.36 克（19%）
1 杯	乳脂含量 1%的牛奶	102	12.18 克（46%）	8.22 克（34%）	2.37 克（20%）
2 杯	谷类	221	44.40 克（80%）	7.10 克（13%）	3.54 克（14%）
早餐 2 总计：		526	64.78 克（49%）	46.37 克（37%）	10.27 克（17%）

午餐 1

份量	食物	热量/千卡	碳水化合物	蛋白质	脂肪
2 大汤匙	莎莎酱	9	2.07 克（83%）	0.51 克（14%）	0.051 克（5%）
10 盎司（约283.5 克）	冷冻的混合蔬菜	89	18.00 克（81%）	3.93 克（18%）	0.21 克（2%）

2700 千卡（1 卡 ≈ 4.186 焦）膳食计划样本 2（续）

份量	食物	热量/千卡	碳水化合物	蛋白质	脂肪
6 盎司（约 170.1 克）	鸡胸肉，仅以肉计算	282	0.00 克（0%）	52.80 克（75%）	6.00 克（19%）
午餐总计：		380	20.07 克（55%）	57.24 克（32%）	6.261 克（11%）

午餐 2

份量	食物	热量/千卡	碳水化合物	蛋白质	脂肪
1 片（1 盎司，约 28.35 克）	切达奶酪	113	0.36 克（1%）	6.97 克（26%）	9.28 克（72%）
2 大汤匙	莎莎酱	9	2.07 克（83%）	0.51 克（14%）	0.051 克（5%）
2 片	小麦面包	130	23.60 克（73%）	4.55 克（13%）	2.05 克（14%）
4 盎司（约 113.4 克）	烤火鸡	120	2.00 克（7%）	24.00 克（80%）	3.00 克（22%）
1 个大的（直径约为 8 厘米）	带皮苹果	110	29.28 克（96%）	0.55 克（2%）	0.36 克（3%）
午餐总计：		482	57.31 克（45%）	36.58 克（30%）	14.741 克（27%）

训练后用餐

份量	食物	热量/千卡	碳水化合物	蛋白质	脂肪
1 份配餐	代餐	392	77.00 克（79%）	20.00 克（20%）	0.50 克（1%）
训练后用餐总计：		392	77.00 克（79%）	20.00 克（20%）	0.50 克（1%）

晚餐

份量	食物	热量/千卡	碳水化合物	蛋白质	脂肪
$\frac{1}{2}$ 大汤匙	橄榄油	60	0.00 克（0%）	0.00 克（0%）	6.75 克（100%）
2 杯	西蓝花	62	12.08 克（70%）	5.13 克（20%）	0.67 克（9%）
6 盎司（约 170.1 克）	罗非鱼	218	0.00 克（0%）	44.48 克（82%）	4.51 克（19%）
2 杯	煮熟的长粒糙米	433	89.54 克（85%）	10.06 克（8%）	3.51 克（7%）
晚餐总计：		773	101.62 克（53%）	59.67 克（33%）	15.44 克（18%）
总计：		2773	352.78 克（55%）	229.86 克（30%）	53.212 克（16%）

3400 千卡（1 卡 ≈ 4.186 焦）膳食计划样本

早餐 1

份量	食物	热量/千卡	碳水化合物	蛋白质	脂肪
1 根大的（长为 20~23 厘米）	香蕉	121	31.06 克(92%)	1.48 克（4%）	0.45 克（3%）
1 杯	煮熟的常规燕麦片	145	25.00 克(69%)	4.50 克(12%)	3.00 克(19%)
1 个大的	新鲜鸡蛋	74	0.38 克（2%）	6.29 克(37%)	4.97 克(61%)
4 个大的	新鲜的鸡蛋蛋白	69	0.96 克（5%）	14.39 克（91%）	0.22 克（3%）
早餐 1 总计：		409	57.40 克(53%)	26.66 克(28%)	8.64 克(19%)

早餐 2

份量	食物	热量/千卡	碳水化合物	蛋白质	脂肪
半个大的	香瓜	138	33.21 克(86%)	3.42 克（8%）	0.77 克（5%）
1 杯（未包装）	低脂干酪	203	8.20 克（16%）	31.05 克(65%)	4.36 克(19%)
1 杯	谷类	111	22.20 克(80%)	3.55 克（13%）	1.77 克（14%）
早餐 2 总计：		452	63.61 克(53%)	38.02 克(35%)	6.90 克(13%)

午餐 1

份量	食物	热量/千卡	碳水化合物	蛋白质	脂肪
10 盎司（约 283.5 克）	冷冻的西蓝花嫩茎	70	13.38 克(68%)	7.75 克(27%)	0.28 克（3%）
2 大汤匙	橄榄油	80	0.00 克（0%）	0.00 克（0%）	9.00 克(100%)
$1\frac{1}{2}$ 杯	煮熟的长粒糙米	325	67.16 克(85%)	7.55 克（8%）	2.63 克（7%）
6 盎司（约 170.1 克）	鸡胸肉，仅以肉计算	282	0.00 克（0%）	52.80 克(75%)	6.00 克(19%)
午餐总计：		757	80.54 克(43%)	68.10 克(34%)	17.91 克(21%)

午餐 2

份量	食物	热量/千卡	碳水化合物	蛋白质	脂肪
1 片（1 盎司，约 28.3 克）	切达奶酪	113	0.36 克（1%）	6.97 克（26%）	9.28 克（72%）
2 大汤匙	莎莎酱	9	2.07 克（83%）	0.51 克（14%）	0.051 克（5%）
2 片	小麦面包	130	23.60 克(73%)	4.55 克（13%）	2.05 克（14%）
5 盎司（约 141.75 克）	烤火鸡	150	2.50 克（7%）	30.00 克（80%）	3.75 克（22%）
1 杯	蓝莓	83	21.01 克（92%）	1.07 克（4%）	0.48 克（5%）

3400 千卡（1 卡 ≈ 4.186 焦）膳食计划样本（续）

份量	食物	热量/千卡	碳水化合物	蛋白质	脂肪
1个大的（直径约为8厘米）	带皮苹果	110	29.28 克(96%)	0.55 克（ 2% ）	0.36 克（ 3% ）
午餐总计：		595	78.82 克（ 49% ）	43.65 克（ 29% ）	15.971 克(24%)

训练后用餐

份量	食物	热量/千卡	碳水化合物	蛋白质	脂肪
1 杯	2% 乳脂含量的牛奶	122	11.42 克(36%)	8.05 克(28%)	4.81 克(35%)
1 勺	乳清蛋白粉（任何口味）	104	6.00 克（ 23% ）	20.00 克(77%)	0.50 克（ 4% ）
1 份配餐	代餐	392	77.00 克（ 79% ）	20.00 克（ 20% ）	0.50 克（ 1% ）
训练后用餐总计：		618	94.42 克(61%)	48.05 克(31%)	5.81 克（ 8% ）

晚餐

份量	食物	热量/千卡	碳水化合物	蛋白质	脂肪
$1\frac{1}{2}$ 杯	煮熟的长粒糙米	325	67.16 克(85%)	7.55 克（ 8% ）	2.63 克（ 7% ）
1 杯	烧熟的菠菜	41	6.75 克(58%)	5.35 克(32%)	0.47 克（ 9% ）
6 盎司（约 170.1 克）	鲑鱼	241	0.00 克（ 0% ）	33.73 克（ 60% ）	10.78 克（ 40% ）
晚餐总计：		607	73.91 克(50%)	46.63 克(30%)	13.88 克（ 20% ）
总计：		3438	448.7 克(51%)	271.11 克(31%)	69.111 克(18%)

马丁在巴西里约热内卢的佩佩海滩进行短跑训练。

十一

有氧训练

终极武者训练中的心血管部分

如果您读过我的 *Training for Warriors*，您可能已经注意到其中不太重视武术训练中涉及心血管的内容。本书的目标之一是避免内容与 *Training for Warriors* 重复，故本书有一部分内容涉及心血管功能改善和飓风训练，尽管篇幅较短，但很重要。

直截了当地说，本书不强调"有氧"并不意味着有氧运动对于格斗家的全面发展不重要。足够的耐力是技术的基础。正如我经常在研讨会上告诉我认识的运动员和参会者，尽管您能够成为世界上力量最大、动作最快的格斗家，但如果您很容易感到疲劳，那您就不堪一击。基于此信念，本书后面讲述的为期 6 个月的训练仍包含飓风训练。

飓风训练计划

飓风训练计划的名称源自给人们造成破坏、需要人们重建被侵袭的地区的强大而短暂的风暴。在自然界中，飓风越强大，所到之处损失就越大。经过强烈的飓风后，人们必须花费更多的时间、精力和资源，才能将该地区重建得比以前更大和更好。当您在健身房中应用这条如飓风般强度和破坏力的原则时，可以利用多种新陈代谢和激素反应，产生前所未有的效果。飓风训练会对武者身体产生相同的破坏和更新，我的武者已用其改善身体素质，赢得了世界级的称号。

目前的科学和文献日益支持高强度、巡回式飓风训练的理念。大量研究已经证明，随着锻炼强度的增加，生长激素和睾酮会急剧增加，您的新陈代谢系统需要更多能量才能使身体恢复至生理静息状态。飓风训练的强度越大，激素可能急剧增加得越多，在越长的时间内消耗的热量就越多。这就是这种训练方式增加肌肉、降低体脂的原因。不熟知这种机理的人只需知晓循环激素的增加可增加肌肉、降低脂肪。可用一个简单的4个字母的缩写词解释飓风训练的成功之道：EPOC。EPOC（excess post-exercise oxygen consumption）表示运动后过度耗氧量，是在恢复到飓风训练之前的稳定状态所需的能量。在高强度的飓风训练期间，EPOC持续时间达38~48小时！提高新陈代谢和增加肌肉使飓风训练成为体重管理、降低体脂和增强体力的有力工具。如果您是一名喜欢盘根问底的武者，可能会想"为什么需要消耗这些热量？"与自然灾害后需要重建楼房和道路一样，EPOC会在训练后恢复若干个生理变量。EPOC具有以下效应：恢复能量、降低心率、减少通气量、降低体温、提高细胞修复能力、降低血液乳酸、增加血液的氧合作用。

当身体从飓风训练中恢复，完成重建时，武者的体脂降低，肌肉质量增加，耐力提高。所有这些对身材和感觉以及在赛场上取得更大的成功都至关重要。

飓风训练包括 3 轮剧烈的锻炼心血管系统的训练和不同形式的抗阻运动。每轮都包含提高心率（短跑、骑自行车等）的运动和 2 个抗阻运动，以进行"主动"恢复。每轮约需 3~5 分钟才能完成。必要时，2 轮训练之间可有 10 秒~2 分钟的休息。这要求飓风训练应持续约 15~20 分钟。根据不同的难易程度，飓风训练系统分为 5 类。类别 1 和类别 2 包括短跑和抗阻运动，例如俯卧撑和仰卧起坐。类别 3 和类别 4 包括短跑和更具挑战性的抗阻运动，如引体向上和卧推。类别 5 包括短跑和传统的"强人"训练，例如翻转轮胎、"农夫"散步和拉绳。

武者挑战

除本书后面的飓风训练计划外，您还会发现我们对武者挑战的重视。这些武者挑战需要武者具备长时间展示强大的力量的能力，这实际上是展现耐力的另一种方式。每周进行本书所述的武者挑战训练后，您可以提高心血管耐力。具体训练可根据武者挑战中的格斗技术进行专门定制。

终极武者有氧训练

在我研究此书的 2 年中，我观察了心血管训练的数种新形式，得出了 6 条关于特定格斗技术改善心血管系统的结论。综合格斗家应该理解这些结论，形成自己的有关心血管系统调理的训练理念。

（1）改善特定格斗技术的运动员的心血管系统的最佳方法是实际练习格斗技术本身。

例如，我记得在练习柔道、摔跤、泰拳、柔术和拳击的岁月里，锻炼心血管系统的训练不同于我曾在健身房里进行过的任何训练。这种形式的训练在练习时被称为"对练""自由对摔"或"模拟训练"。我认为格斗家不仅必须将其视为技术训练，还应将其看作一种心血管训练，必须进行评分和监测。格斗家必须根据时间和强度拟订训练计划，才能充分享有这种训练带来的益处。

（2）除采用对练和模拟训练的方式达到强化心血管的效果外，实际上每种格斗技术都可进行拆分，以达到训练效果。

对于柔道、柔术或桑搏而言，就是反复进行摔投训练或连续进行地面训练。

对于泰拳、自由搏击和拳击而言，就是反复进行手靶训练、踢靶训练、重袋训练或出拳训练。

对于摔跤而言，就是反复进行摔倒、站立或地面训练。

对于空手道而言，就是无休止的套路训练。

（3）世界各地的格斗家都普遍使用许多训练工具或训练形式改善心血管功能。不需要很花哨的设备，重要的是利用身边的器材不断提高个人的极限。常用内容包括：

踢打和拳击沙袋；

跳绳；

慢跑或道路训练；

冲刺；

跑步机；

脚踏车训练。

（4）力量训练对心血管有益处，格斗家的训练必须包含此项内容。身体较强壮的运动员常具有较强的耐力。身体强壮的运动员只需使用较小的力量就能对抗身体弱得多的对手。运动员以较低的力量百分比击败对手可节省体力。

（5）格斗家在进行上述各种形式的心血管训练（飓风训练、对打训练、技术训练等）时，除了会在训练期间改善体能之外，还会对格斗表现产生巨大的交叉影响。一名"知晓"自己的耐力很好的运动员在比赛中会具有心理优势。

（6）格斗家仍需关注有氧系统，才能全面发展心血管系统。

虽然有必要进行飓风训练和对练，但进行有氧训练也需要较轻松的训练形式，也需要在较长时间（30~45分钟）内进行强度稍低的慢跑、脚踏车和跳绳等训练，提高身体的供能能力。

跳绳训练

尽管您上一次跳绳可能是在上小学的时候了，但请不要被误导。跳绳训练可是武者增加力量和消耗脂肪的一种成本极低而有效的方法。我知道您在想什么："跳绳？不是仅适合于拳击手吗？"不，跳绳适合于每一名格斗家，常用于提高身体素质、身体平衡性和脚法速度。您还可能误以为跳绳太难学了。通过本章的练习，您不仅可以了解跳绳很简单（动作正确的话），还可以了解如何在武者训练中利用此项训练。

无论您目前的健康水平如何，是否具有跳绳经验，跳绳都可以而且应该成为您训练内容中的一项。本书所述的为期6个月的训练计划要求您用绳子进行训练。此项训练是为艰苦的训练课程做准备的，有助于提高跳跃能力和整体协调能力。

将技术和训练的时间间隔结合起来，跳绳训练令人兴奋，没有其他许多类型训练那么枯燥乏味。

跳绳训练在短短10分钟内会进行剧烈的有氧运动和无氧运动。准备进行跳绳训练时，需考虑几个元素。最重要的元素就是绳子本身。您必须确保绳子具有适宜的长度和重量，使您能够正确进行跳跃。在评估绳子长度时，有一条不错的经验，一只脚踩在绳子中间，绳子手柄触及该侧腋窝。

绳子的长度合适后，需确保绳子的密度，这样才能以适当的速度进行摆动。虽然您可能最熟悉经典的棉质跳绳，但我建议您使用串珠或塑料材质的"快速"绳子，以提高速度和发挥技术。

选择正确的绳索后，请确保您有一个稍宽敞的空间进行跳绳训练。硬木地板或健身房的橡胶地面，是绝佳的选择。

技巧

您在用呼呼带响的快速跳绳技巧使健身房里其他武者惊讶不已之前，请确保您已正确地进行了热身活动。完成热身活动之后，您就应该专注于技术了。跳绳首先要求技术效率。如果技术效率不高，您就会感到不必要的疲劳，训练量就大大少于达到效果所需的训练量。

提高效率有两个关键点：用前脚掌起跳，以及最大限度地减少手臂运动。前脚掌落地，利用踝关节和小腿肌肉的爆发力。手臂动作始于手腕，前臂仅轻微移动。确保肩关节和颈部肌肉不会迅速感到疲劳。为保持姿势正确，双臂应保持在体侧，前臂稍向前，您应保持舒适的姿势，抓牢绳子。双手应该处于髋关节高度附近，双肩放松下沉。不要往下看，保持头和眼睛朝前。跳跃时，您应该稍微屈曲踝关节和膝关节，刚好跳过绳子即可，这是一个节省体能的好办法。

常见错误

虽然我已经讲述了正确的技术，但一些技术上的经典错误在达到难以消除的程度之前必须加以避免。最常见的错误是跳得太高。这不仅消耗更多的体能，还不能平稳而快速地进行跳绳。双臂的肘关节和肩关节运动过多是另一个需要关注的问题。肩关节放松，肘关节紧贴身体。还有一种错误就是在绳子旋转时进行多余的双腿跳或单腿跳，这种错误可能根植于小学时期。请确保绳子每转一圈只跳跃一次。如果不这样，训练速度和技术就很难提高。

基本技巧

1. 双脚同时起跳

起始姿势：站立，绳子置于踝关节后。

将绳子摆至头顶，然后双脚起跳，稍离地。

绳子从脚下越过后，双脚轻轻落地，绳子保持移动。

2. 侧跳（障碍跳）

起始姿势：站立，绳子置于踝关节后。

将绳子摆至头顶，然后跳起，脚稍离地，跳至左侧数厘米处。

绳子从脚下越过后，跳至右侧数厘米处，双脚轻轻地落地。

当动作正确时，运动员应该看起来像一名滑雪者一样左右移动。

3. 前后跳

起始姿势：站立，绳子置于踝关节后。

将绳子摆至头顶，然后跳起，脚稍离地，向前跳至数厘米处。

绳子从脚下越过后，向后跳至数厘米处，双脚轻轻地落地。

当动作正确时，运动员的双脚应该向前和向后跳。

4. 单脚跳

起始姿势：站立，一只脚悬空，绳子置于支撑脚的踝关节后。

将绳子摆动至头顶，支撑脚轻轻跳离地面。

绳子从脚下越过后，双脚轻轻落地，绳子保持移动。

高级技巧

5. 双脚交替跳绳慢跑

起始姿势：站立，一只脚稍离地，绳子置于支撑脚的踝关节后。

将绳子摆至头顶，当绳索从下方越过时交换支撑脚。

继续慢跑。

当动作正确时，运动员应该看起来像是在摆绳慢跑。

6. 双臂交叉跳绳

起始姿势：站立，绳子置于踝关节后。

将绳子摆至头顶，然后双脚起跳，稍离地。

绳子从脚下越过后，双脚轻轻落地，绳子保持移动。

当绳子再次越过身体时，双臂在体前交叉，使绳子形成一个圈，跳过。

跳起后，双臂不再交叉，然后重复该动作。

7. 双腿交叉跳绳

起始姿势：站立，双脚分开，与肩同宽，绳子置于踝关节后。

将绳子摆至头顶，然后双脚起跳，稍离地。

绳子从脚下越过后，双脚交叉，轻轻落地，绳子保持移动。

在跳起时，双腿继续交替交叉。

8. 单跳双过

起始姿势：站立，绳子置于踝关节后。

将绳子摆至头顶，然后双脚起跳，稍离地。

绳子从脚下越过后，双脚轻轻落地，在第二次越过时，绳索加速摆动，更高地跳起，使绳子在双脚落地前两次越过脚下。

尽可能多地重复动作。

跳绳训练课

在飓风日武者热身之后的第一组训练中，跳绳训练可以使小腿和四肢活动开来，心率加快，消耗身体脂肪。

第一组 5 分钟训练

1 分钟普通跳绳

1 分钟侧跳

1 分钟前后跳

1 分钟单脚左侧跳

1 分钟单脚右侧跳

休息 2 分钟

第二组 5 分钟训练

1 分钟跳绳

1 分钟双脚交替跳绳慢跑

1 分钟双脚交叉跳

1 分钟双臂交叉跳

1 分钟普通跳绳

灵活性训练仍然是空手道
训练的基本内容之一。

十二

灵活性训练

　　本书所述的每一种格斗技术的身体准备都与众不同。普遍要求在训练课之前或之后都进行的训练内容就是灵活性训练。虽然每种格斗技术都要求身体某些部位具有不同程度的灵活性，但每名武者必须认识到训练内容必须包括灵活性训练。

　　当我从一个国家旅行到另一个国家时，我常常对不同项目的顶级武者所具有的高度灵活性感到惊讶。绝大多数的空手道和桑搏选手的髋关节和腹股沟特别灵活，无论年龄大小都可完全分开。这很好地表明，灵活性取决于训练，与年龄无关。灵活性取决于选手自身。如果我们以此为目标努力训练，发挥聪明才智，就能如愿地将自己塑造成我们期望的那样。本章讲解的常用动态和静态灵活性训练方法是武者训练不可或缺的部分。如果您期望将自己的能力发挥至极致，您就必须训练身体的这一重要特性。

第3至第18项练习使用腰带牵引肌肉两端，从而在重力的帮助下，肌肉会增加长度。这种拉伸方法已被证明有助于调节活动范围，在运动后镇静神经系统，以及降低受伤风险。

之所以选择腰带作为本章中灵活性训练的辅助工具，是因为腰带是每一位格斗家都拥有的东西。本书介绍的8种格斗技术中，有4种是通过腰带来确定段位和等级的，所以使用腰带也可以提醒各位武者，要通过不断努力来提高水平，获得更大的成就。然而，如果没有腰带，用跳绳或松紧带反而会有更好的效果。本章中前18项练习都可以在本书后面的每个武者训练课程之后进行。其中每项练习重复3次，每项练习可保持5次吸气和呼气的节奏，注意呼吸的节奏模式。这18项练习都不应该产生疼痛，每个位置的活动都应该可以顺畅完成。

1. 交叉手臂和腿部接触

起始姿势：站立，双手交叉平举，双腿交叉。（双腿交叉的时候，脚趾应该是平行的。）

双手慢慢向右侧旋转，至拇指向下，同时保持膝盖尽量伸直。

保持 5 次均匀呼吸，然后回到起始姿势。

双手慢慢向左侧旋转，至拇指向下，同时保持膝盖尽量伸直。

2. 下蹲伸展

起始姿势：下蹲，手掌放在脚内侧的地板上。

缓慢伸展双膝，尽可能抬高髋部，同时保持手掌与地面接触。

保持 5 次均匀呼吸，然后回到起始姿势。

取下腰带

3. 肩关节内外伸展

起始姿势：站立，双手在背后握住腰带。

右臂向下拉，使左臂尽量拉伸。

保持 5 次均匀呼吸，然后左臂向上拉，使右臂的伸展最大。

保持 5 次均匀呼吸，重复该动作。

4. 头顶到后肩伸展

起始姿势：站立，腰带举在头顶上方。

慢慢把手向下移到背后，同时保持握住腰带。

保持 5 次均匀呼吸，然后将腰带举回头顶上方位置。

5. 前屈后扩肩

起始姿势：站立，膝关节屈曲，双臂向后伸展，握住腰带。

躯干向前、向下屈曲，同时保持双手和腰带在背后伸展。

保持 5 次均匀呼吸，然后回到起始姿势。

6. 后扩肩抓踝

起始姿势：躯干前倾，双手和腰带伸展。

在保持躯干前倾的同时，将置于背部上方的双手，向下移动到脚踝的位置。

保持 5 次均匀呼吸，然后回到起始姿势。

7. 头顶弓步转腰

起始姿势：站立，形成弓步，腰带置于头部上方。

在保持弓步的同时，将腰带移到身体前面。

保持腿部位置的同时，将手、腰带和肩部向一侧扭转。

保持 5 次均匀呼吸，然后重新站立，回到起始位置。

在相反一侧重复上述步骤。

8. 颈部及头部拉伸

起始姿势：站立，移至坐姿，腰带固定在头部后方。

保持膝盖伸直的同时，慢慢控制双手和头部向前、向下移动。

保持舒适的伸展姿势，保持 5 次均匀呼吸。

然后回到起始姿势，并重复该动作。

9. 拉伸小腿

起始姿势：坐姿，将腰带放在脚掌上。

在保持腰带张力的同时，脚趾尽量向前伸。

拉动腰带，使脚趾靠近身体，保持 5 次均匀呼吸。

回到起始姿势，在另一侧重复以上动作。

 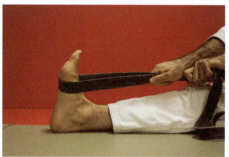

10. 直腿腘绳肌拉伸

起始姿势：仰卧，双腿伸直，腰带绕在脚掌上。

保持双腿伸直的同时，向上拉动腰带所在的腿，进行伸展运动。

保持 5 次均匀呼吸，然后回到起始姿势。

在另一侧重复以上动作。

11. 腘绳肌拉伸同时交叉脚

起始姿势：仰卧，用腰带将左脚拉起。

左手松开腰带，放在地板上。

右手拉住腰带将左脚移到右侧，同时保持左腿尽量伸直。

保持 5 次均匀呼吸，回到起始姿势。

12. 腘绳肌拉伸同时交叉脚抓脚掌

起始姿势：仰卧，用腰带将左脚拉起。

左手松开腰带，放在地板上。

右手拉住腰带将左脚移到右侧，同时保持左腿尽量伸直。

松开腰带，双手抓住左脚。

保持 5 次均匀呼吸，回到起始姿势。

13. 双腿向前拉伸

起始姿势：坐姿，腰带绕在双脚脚掌。

背部支撑完成翻身动作，双脚拉过头顶。

双脚继续向前，直到接触地面。

保持 5 次均匀呼吸，然后回到起始姿势。

14. 髋部和腘绳肌拉伸

起始姿势：仰卧，腰带绕在膝盖上方后侧。

在保持舒适的前提下，尽可能向前拉伸膝盖。

伸展腿部，同时保持膝盖向前拉。

在结束位置保持 5 次均匀呼吸，然后回到起始姿势。

15. 四头肌和髋部屈肌拉伸

起始姿势：俯卧，腰带绕在脚踝的前部。

腰带将腿向前拉，膝盖向天花板的方向抬起。

在结束位置保持 5 次均匀呼吸，然后回到起始姿势。

16. 髋关节拉伸和扭转

起始姿势：坐姿，右脚交叉于左膝，双臂将右膝拉向胸前。

保持这个姿势，均匀呼吸 5 次，然后将右手放在地上，左肘放在右膝上。

保持 5 次均匀呼吸，然后回到起始姿势。

17. 跨栏伸展

起始姿势：坐姿，两手互锁，左脚稍微在左前方。

把右脚的脚掌放在左膝内侧。

上身向前伸展，用手包住左脚前脚掌。

试着将前额放在左膝上，保持5次均匀呼吸。

18. 坐姿比目鱼肌拉伸

起始姿势：坐姿，两手互锁，左脚稍微在左前方。

将下巴放在左膝上，同时用双手将左脚的前脚掌裹起来。

将左脚脚趾向上拉，保持5次均匀呼吸。

泡沫轴练习

除了使用拉伸练习来增加肌肉的长度外，还可以使用泡沫轴，通过施加压力的方式，来减小特定肌肉或肌肉筋膜之间的张力和粘连或瘢痕组织，从而减小肌肉的静息张力。这样做可以让肌肉在锻炼之前做好充足的准备，并且为提高灵活性奠定了坚实的基础。这些练习在武者下半身训练热身之前进行。对于每一次泡沫轴训练，武者都要用自己的体重，通过泡沫轴向肌肉施加压力。这个动作要慢慢完成，尤其是泡沫轴经过肌肉的敏感部位时，要特别小心。如果发现有压痛点，需要停止泡沫轴滚动，并持续按压 25 秒或直到疼痛减轻。然后继续寻找另一个压痛点，重复这个过程。先从距离身体中心最远的末端肌肉开始，然后慢慢到更靠近身体核心的位置。最后，特别注意泡沫轴不要直接在骨突的位置上滚动。

19. 小腿肌肉泡沫轴滚动

起始姿势：坐姿，双手放在地板上，泡沫轴置于小腿肌肉下方。

将臀部抬离地面，以增加压力。

在小腿肌肉下滚动泡沫轴，寻找压痛点。

找到压痛点，在上面停止 25 秒，然后继续在小腿肌肉范围内滚动。

20. 腘绳肌泡沫轴滚动

起始姿势：坐姿，双手放在地板上，泡沫轴放在腘绳肌下方。

将臀部抬离地面，以增加压力。

在腘绳肌下滚动泡沫轴，寻找压痛点。

找到压痛点，在上面停止 25 秒，然后继续在整个腘绳肌范围内滚动。

21. 腰背肌泡沫轴滚动

起始姿势：坐姿，双脚放在地板上，泡沫轴放在腰背部肌肉下方。

将臀部抬离地面，以增加压力。

在腰背部肌肉下滚动泡沫轴，寻找压痛点。

找到压痛点，在上面停止 25 秒，然后继续在整个腰背部肌肉范围内滚动。

22. 上背肌泡沫轴滚动

起始姿势：躺在泡沫轴上，肘关节屈曲90°并抬起至胸部高度，泡沫轴与脊柱平行滚动。

转动手臂，使其越过头部，并朝向地面，以增加压力。

上背部肌肉在泡沫轴上左右滚动，寻找压痛点。

找到压痛点，在上面停止25秒，然后继续在整个上背肌肉范围内滚动。

23. 腹股沟泡沫轴滚动

起始姿势：俯卧，腿部朝向一侧，泡沫轴在腹股沟肌肉下方。

抬起腹部，脚离开地面以增加压力。

腹股沟肌肉在泡沫轴上滚动，寻找压痛点。

找到压痛点，在上面停止25秒，然后继续在整个腹股沟肌肉范围内滚动。

24. 股四头肌泡沫轴滚动

起始姿势：俯卧，将泡沫轴置于股四头肌下方。

抬起腹部，脚离开地面以增加压力。

股四头肌在泡沫轴上滚动，寻找压痛点。

找到压痛点，在上面停止 25 秒，然后继续在整个股四头肌范围内滚动。

25. 背阔肌泡沫轴滚动

起始姿势：侧躺在地板上，掌心朝下，泡沫轴置于背阔肌下方。

抬起髋部，手臂离开地面以增加压力。

背阔肌外部肌肉在泡沫轴上滚动，寻找压痛点。

找到压痛点，在上面停止 25 秒，然后继续在整个背阔肌外部肌肉范围内滚动。

摔跤运动员在新泽西罗格
斯大学进行同伴协助训练。

十三

同伴协助训练

　　所有的武者都知道，铁能磨铁，人和人在一起也会起到积极的作用。在多年的格斗技术和健身训练中，我注意到一个有趣的现象：上了健身垫后，我曾经有意无意地开始和许多感觉比我强壮的人竞争，即使他们在某些锻炼技巧中比我弱。这种认识迫使我不仅要关注自己的训练方法，还要重新评估"我为什么要把力量排在第一位"的理念。经过仔细的观察，我提出了两个理论来帮助我解释这些差异。

　　首先关于我所说的"技术性力量"，我把它定义为一种身体能力，在这种能力中，运动员们调动身体上所有的肌肉来正确地执行一种技术。这种在某一动作中涉及所有肌肉的累积性收缩，将使运动员比不能涉及相同肌肉的、"技术性"不太强的对手，要强出很多。随着时间的推移，通过学习正确的技术，并在巨大的阻力下反复训练动作，运动员获得了更强的激活肌肉的能力。这意味着，运动员不仅在完成一种技术时使用的肌肉比技术水平较低的对手多，而且他获得了更多的运动单位和纤维，使这些肌肉的利用率得到了提高。

其次就是我所说的"棱角力量"。我相信经过训练后，身体和关节的角度将会达到我们想要的效果。在健身房里，大多数参加训练的武者都是在单一平面进行训练的。在本书中也有大量的单一平面运动的例子，例如平板卧推、蹲举、硬举、引体向上、肱三头肌下压，以及弯举。遗憾的是，这些训练动作虽然可以有效地提升力量，但如果没有与其他训练共同进行，则无法兼顾不同平面的运动。由于训练不彻底，运动员在某些项目上可能显得非常强壮，但当要求运动员离开那个平面或运动角度时，他就无法展示出相同的力量水平。此外，当运动员遇到与自己身材或体形相差过大的对手时，由于没有对这种差异进行准备，通常会导致受伤或惨败。

这两个理论让我不得不考虑找一个同伴，共同完成训练。根据技术性力量理论，和同伴一起完成训练，不仅可以通过模仿动作技巧获得特定的力量提升，还可以在不同的运动平面上进行训练，利用与同伴重量的差异，解决"棱角力量"的问题。除了在健身房进行矢状面运动外，运动员还必须在冠状面（身体一侧的运动）和横切面（旋转运动）上，增加同伴协助训练。如果可以把这些变化添加到训练计划中，您会得到以前从未有过的力量提升效果。

在下面的同伴协助训练中，很多训练可能是初级难度的。如果在这些训练中遇到困难，您必须认识到，现在需要提升自己的技术性力量和棱角力量了。只要您想要达到更好的效果，就一定会有这种可能。现在需要把自己的弱点都解决掉，甚至让这些弱点慢慢转化成优势。这就是武者的特点，也是为什么要进行这种辅助训练的原因。

设计同伴协助训练计划的规则

在本书所包含的6个月训练计划中，同伴协助训练可以用来补充上半身或下半身的训练。这不仅会增加训练的多样性，而且也是创造新成果的一种方法。我建议每2周补充1个上半身或下半身的同伴协助训练课程。在开始任何同伴协助的训练之前，确保知道同伴的体重，并且你们俩都要完全理解在训练中双方所需要的技术。不要试图与体重过重或无法以良好技术进行训练的同伴一起完成训练。随附一个可供选择的训练项目，您可以从中找到许多富有挑战性的训练，并且能够很好地完成。

对于同伴协助的上半身训练，可以从以下列表中选择3个同伴协助上半身推力训练项目、3个同伴协助上半身拉力训练项目，以及3个同伴协助核心力量训练项目。每个训练项目进行2组或3组，每组重复8~10次。如果每个同伴必须转换角色来完成所有训练，则可以做2组训练项目，确保每个同伴都可以在训练中完成所有角色。

对于下半身力量的训练项目，可以从下面的列表中选择3个同伴协助下半身力量训练项目、3个同伴协助举重训练项目，以及3个同伴协助核心力量训练项目。每次运动进行2组或3组，每组重复8~10次。如果每个同伴必须转换角色来完成所有训练，则可以做2组训练项目，确保每个同伴都可以在训练中完成所有角色。

同伴协助上半身推力训练

柔道俯卧撑（第133页）
颈部前推同伴（第75页）
同伴协助交替俯卧撑（第141页）
同伴协助俯卧撑（第76页）
同伴协助双臂俯卧撑（第99页）
同伴协助推拉练习（第191页）

同伴协助上半身拉力训练

同伴拉单手下蹲后起立（第134页）
抓同伴柔道服起身（第138页）
同伴从地面拉起连攻法（第138页）
同伴抓柔道服划船（向上拉）（第140页）
同伴抓柔道服交替划船（第140页）
同伴抓腿爬地（第190页）
同伴协助伸臂过头顶（第192页）

同伴协助转体反向划船（抓衣物）（第193页）

同伴协助核心力量训练项目

同伴协助弯腰（第135页）
同伴协助屈膝至胸（第135页）
绕同伴空翻（第79页）
同伴协助收腹抬腿（第33页）
同伴协助仰卧起坐至站立（第81页）
同伴核心扭转（第77页）
同伴协助髋关节内收（第194页）

同伴协助下半身力量训练

双腿举同伴（第140页）
肩扛同伴下蹲（第137、191页）
肩扛同伴弓步（第137页）
同伴背驮式脚横扫（第139页）
肩背同伴侧弓步（第139页）
背同伴起立（第79页）
抱同伴下蹲（第77页）
同伴协助伸臂过头顶（第192页）
肩扛同伴斜弓步（第193页）
抱同伴站起（第82页）
同伴协助蹬单腿（第190页）

同伴协助举重训练

同伴龟式抱身（鱼跃）（第134页）
同伴协助身体互扣翻转（第136页）
同伴协助后拉抱空翻（第136页）
同伴协助抬高和拖拽（第32页）
同伴协助背空翻（第141页）
抱同伴横摆（第80页）
同伴协助后仰摔（第81页）
同伴协助硬拉（第83页）
同伴协助快速站立（第82页）
同伴翻筋斗（第80页）

马丁在芬兰赫尔辛基举办的"武者训练"研讨会上作讲解。

十四

训练计划示例

本章内容介绍了 3 项不同的为期 8~9 周的训练计划。完成这 3 项训练计划后，您应该可以发现，自己的水平有了显著的提高。为了能够进行更好的评估，我们做了一个用于每周测试的武者挑战计划。武者挑战计划不需要花费很长时间，可以在星期三或星期六进行，也可以在热身后的训练日进行。由于第一次测试的压力很大，建议在非训练日进行测试，以免影响训练效果。

在进行本书中的训练项目时，运动员也应该测试出自己最大的卧推力量、硬拉力量和引体向上力量。这 3 个测量值也需要在整个计划中持续进行测试，以衡量计划对力量效果的提升。

这些训练项目中的几乎所有的内容都包括在本书中，但是本书没有包括热身和柔韧性的内容。如果对这方面的内容感兴趣，我推荐您看看我的第一本书，里面记载了两项我最喜欢的训练方法。即便您没有读我的书，也可以通过自己选择的常规训练方法来达到训练效果，记住以下的原则：训练开始之前，需要进行 15~30 分钟的热身，目的是提高心率和体温。肌肉有了一定的温度之后，才会变得更强壮、更安全。柔韧性训练通过在训练结束后的 10~15 分钟之内的拉伸来完成，包括所有主要的肌群，尤其是在训练中使用到的肌群。

模块 1

在开始训练计划之前，需要先测试武者的最大的卧推力量、硬拉力量和引体向上力量。

第 1 周

完成 4 分钟俯卧撑武者挑战（第 180 页）。

上半身力量训练计划

1. 热身，15 分钟

所有身体固定的热身训练（*Training for Warriors* 的第 43~47 页），每组动作重复 10 次。

弹力带训练 22~43（第 142~151 页），每组动作重复 8 次。

2. 上半身力量训练

俯卧撑

指关节撑地俯卧撑（第 230 页）2 组，每组动作重复 10 次。

双手并拢俯卧撑（第 115 页）2 组，每组动作重复 10 次。

颈部训练

毛巾施力颈部等距用力低头和抬头（第 60 页）各 3 组，每组动作分别坚持 5 秒。

胸部训练

仰卧窄握推举（第 235 页）4 组，每组动作重复 8 次。

双杠臂屈伸（第 13 页）3 组，每组动作重复 8 次。

背部训练

反手引体向上（第 13 页）3 组，每组动作重复 8 次。

单臂握哑铃划船（第 21 页）2 组，每组动作重复 8 次。

手臂训练

杠铃弯举（第 26 页）3 组，每组动作重复 10 次。

3. 核心力量训练

板上仰卧卷腹交替出拳（第 58 页）3 组，每组动作重复 12 次。

悬体收腹屈膝（第 49 页）3 组，每组动作重复 10 次。

板上持药球收腹转体（第 117 页）3 组，每组动作重复 10 次。

4. 灵活性训练

拉伸 14~23（*Training for Warriors* 中的第 17 章），1 组重复 5 次吸气 / 呼气。

飓风训练计划

1. 热身，25 分钟

所有身体固定的热身训练（*Training for Warriors* 的第 43~47 页）2 组，每组动作重复 10 次。

所有身体移动的热身训练（*Training for Warriors* 的第 48~50 页）2 组，每组动作移动 20 码（约 18 米）。

所有激活肌肉的热身训练（*Training for Warriors* 的第 51~58 页）1 组，每组动作重复 8 次（如果需要两侧同时完成，则需要交换另一侧）。

2. 心肺功能训练：跳绳专项训练，12 分钟

完成 2 组 5 分钟跳绳训练的 10 个运动项目（第 291 页）。

3. 飓风训练计划类别 1

在跑步机速度为 9 英里 / 小时（约 14.48 千米 / 小时），10%

斜坡的条件下，完成 8 组 15 秒跑步训练。

完成每组动作后，心脏得到充分恢复，心率达到 120 次 / 分以下。

4. 灵活性训练

拉伸 1~18（第 295~303 页）

每个拉伸动作持续 5 次呼吸，完成 1 组

下半身力量训练计划

1. 热身，12 分钟

所有泡沫轴练习 19~25（第 304~307 页）。

所有身体固定的热身训练（*Training for Warriors* 的第 43~47 页）。

所有激活肌肉的热身训练（*Training for Warriors* 的第 51~58 页）。

2. 下半身力量训练

俯身硬拉（第 95 页）4 组，每组动作重复 8 次。

举哑铃至肩然后下蹲（第 93 页）4 组，每组动作重复 8 次。

手握哑铃侧弓步（第 23 页）3 组，每组每条腿完成 8 个重复动作。

3. 核心力量训练

双脚向下仰卧卷腹（常规仰卧卷腹）（第 54 页）3 组，每组动作重复 15 次。

双脚向上仰卧卷腹（第 53 页）3 组，每组动作重复 15 次。

屈膝抓腿（第 161 页）3 组，每组动作重复 10 次。

4. 灵活性训练

拉伸 1~18（第 295~303 页）。

每个拉伸动作持续5次呼吸，完成1组。

第2周

完成3分钟引体向上武者挑战（第152页）。

上半身力量训练计划

1. 热身，15分钟

所有身体固定的热身训练（ *Training for Warriors* 的第43~47页），每组动作重复10次。

弹力带训练22~43（第142~151页），每组动作重复8次。

2. 上半身力量训练

俯卧撑

柔道俯卧撑（第133页）2组，每组动作重复10次。

交替抓握俯卧撑（第112页）2组，每组动作重复10次。

颈部训练

毛巾施力颈部等距用力低头和抬头（第60页）各3组，每组动作分别坚持5秒。

胸部训练

仰卧窄握推举（第235页）4组，每组动作重复8次。

双杠臂屈伸（第13页）3组，每组动作重复8次。

背部训练

反手引体向上（第13页）3组，每组动作重复8次。

单臂握哑铃划船（第21页）2组，每组动作重复8次。

手臂训练

杠铃弯举（第26页）3组，每组动作重复10次。

3. 核心力量训练

悬体交替收腹抬腿（第49页）

3组，每组动作重复16次。

板上仰卧卷腹交替出拳（第58页）3组，每组动作重复16次。

悬体收腹屈膝（第49页）3组，每组动作重复10次。

4. 灵活性训练

拉伸14~23（ *Training for Warriors* 中的第17章），1组重复5次吸气/呼气。

飓风训练计划

1. 热身，25分钟

所有身体固定的热身训练（ *Training for Warriors* 的第43~47页）2组，每组动作重复10次。

所有身体移动的热身训练（ *Training for Warriors* 的第48~50页）2组，每组动作移动20码（约18米）。

所有激活肌肉的热身训练（ *Training for Warriors* 的第51~58页）1组，每组动作重复8次（如果需要两侧同时完成，则需要交换另一侧）。

2. 心肺功能训练：跳绳专项训练，12分钟

完成2组5分钟跳绳训练的10个运动项目（第291页）。

3. 飓风训练计划类别1

在跑步机速度为9英里/小时（约14.48千米/小时），10%斜坡的条件下，完成8组15秒跑步训练。

完成每组动作后，心脏得到充分恢复，心率达到120次/分以下。

4. 灵活性训练

拉伸1~18（第295~303页）。

每个拉伸动作持续5次呼吸，完成1组。

下半身力量训练计划

1. 热身，12分钟

所有泡沫轴练习19~25（第304~307页）。

所有身体固定的热身训练（ *Training for Warriors* 的第43~47页）。

所有激活肌肉的热身训练（*Training for Warriors* 的第 51~58 页）。

2. 下半身力量训练

俯身硬拉（第 95 页）4 组，每组动作重复 8 次。

举哑铃至肩然后下蹲（第 93 页）4 组，每组动作重复 8 次。

手握哑铃侧弓步（第 23 页）3 组，每条腿完成 8 个重复动作。

3. 核心力量训练

冲刺仰卧起坐（第 90 页）3 组，每组动作重复 16 次。

脚踏车（第 55 页）3 组，每组动作重复 16 次。

屈膝抓腿（第 161 页）3 组，每组动作重复 10 次。

4. 灵活性训练

拉伸 1~18（第 295~303 页）。

每个拉伸动作持续 5 次呼吸，完成 1 组。

第 3 周

完成 3 分钟仰卧起坐武者挑战（第 36 页）。

上半身力量训练计划

1. 热身，15 分钟

所有身体固定的热身训练（*Training for Warriors* 的第 43~47 页），每组动作重复 10 次。

弹力带训练 22~43（第 142~151 页），每组动作重复 8 次。

2. 上半身力量训练

俯卧撑

伸膝俯卧撑（第 46 页）2 组，每组动作重复 10 次。

内股俯卧撑（第 132 页）2

组，每组动作重复 10 次。

颈部训练

毛巾施力颈部等距用力低头和抬头（第 60 页）各 3 组，每组动作分别坚持 5 秒。

胸部训练

仰卧窄握推举（第 235 页）4 组，每组动作重复 8 次。

双杠臂屈伸（第 13 页）3 组，每组动作重复 8 次。

背部训练

正手引体向上（第 14 页）3 组，每组动作重复 8 次。

单臂握哑铃划船（第 21 页）2 组，每组动作重复 8 次。

手臂训练

杠铃弯举（第 26 页）3 组，每组动作重复 10 次。

3. 核心力量训练

板上仰卧卷腹交替出拳（第 58 页）3 组，每组动作重复 16 次。

悬体收腹屈膝（第 49 页）3 组，每组动作重复 12 次。

板上仰卧起坐持球推举（第 118 页）3 组，每组动作重复 12 次。

4. 灵活性训练

拉伸 14~23（*Training for Warriors* 中的第 17 章），1 组重复 5 次吸气 / 呼气。

飓风训练计划

1. 热身，25 分钟

所有身体固定的热身训练（*Training for Warriors* 的第 43~47 页）2 组，每组动作重复 10 次。

所有身体移动的热身训练（*Training for Warriors* 的第 48~50 页）2 组，每组动作移动 20 码（约

18 米）。

所有激活肌肉的热身训练（*Training for Warriors* 的第 51~58 页）1 组，每组动作重复 8 次（如果需要两侧同时完成，则需要交换另一侧）。

2. 心肺功能训练：跳绳专项训练，12 分钟

完成 2 组 5 分钟跳绳训练的 10 个运动项目（第 291 页）。

3. 飓风训练计划类别 2

在跑步机速度为 10 英里 / 小时（约 16.09 千米 / 小时），10% 斜坡的条件下，完成 3 组 20 秒跑步训练。同时每组冲刺结束后，完成 20 次登山者（第 71 页）和 15 次按壶铃俯卧撑（第 215 页）。

在跑步机速度为 11 英里 / 小时（约 17.70 千米 / 小时），10% 斜坡的条件下，完成 3 组 20 秒跑步训练。同时每组冲刺结束后，完成 20 次按药球跨大步登山姿势（第 121 页）和 10 次按壶铃俯卧撑屈膝至肘（第 216 页）。

在跑步机速度为 11.5 英里 / 小时（约 18.51 千米 / 小时），10% 斜坡的条件下，完成 3 组 20 秒跑步训练。同时每组冲刺结束后，完成 20 次按药球收腹跳（第 121 页）和 15 次按壶铃俯卧撑侧踢（第 216 页）。

4. 灵活性训练

拉伸 1~18（第 295~303 页）。

每个拉伸动作持续 5 次呼吸，完成 1 组。

下半身力量训练计划

1. 热身，12 分钟

所有泡沫轴练习 19~25（第

304~307 页）。

所有身体固定的热身训练（*Training for Warriors* 的第 43~47 页）。

所有激活肌肉的热身训练（*Training for Warriors* 的第 51~58 页）。

2. 下半身力量训练

俯身硬拉（第 95 页）5 组，每组动作重复 7 次。

举哑铃至肩然后下蹲（第 93 页）4 组，每组动作重复 8 次。

肩扛杠铃前弓步（第 22 页）3 组，每条腿完成 6 个重复动作。

3. 核心力量训练

脚踏车（第 55 页）3 组，每组动作重复 16 次。

直腿脚踏车（第 75 页）3 组，每组动作重复 16 次。

屈膝双肩外旋（第 162 页）3 组，每组动作重复 15 次。

4. 灵活性训练

拉伸 1~18（第 295~303 页）。

每个拉伸动作持续 5 次呼吸，完成 1 组。

第 4 周

完成 2 分钟地板翻转武者挑战（第 102 页）。

上半身力量训练计划

1. 热身，15 分钟

所有身体固定的热身训练（*Training for Warriors* 的第 43~47 页），每组动作重复 10 次。

弹力带训练 22~43（第 142~151 页），每组动作重复 8 次。

2. 上半身力量训练

俯卧撑

膝关节反向伸展俯卧撑（第 47 页）2 组，每组动作重复 10 次。

伸膝俯卧撑（第 46 页）2 组，每组动作重复 10 次。

颈部训练

毛巾施力颈部等距用力低头和抬头（第 60 页）各 3 组，每组动作分别坚持 5 秒。

胸部训练

仰卧窄握推举（第 235 页）4 组，每组动作重复 8 次。

双杠臂屈伸（第 13 页）3 组，每组动作重复 8 次。

背部训练

正手引体向上（第 14 页）3 组，每组动作重复 8 次。

单臂握哑铃划船（第 21 页）2 组，每组动作重复 8 次。

手臂训练

杠铃弯举（第 26 页）3 组，每组动作重复 10 次。

3. 核心力量训练

悬体收腹屈膝（第 49 页）3 组，每组动作重复 12 次。

板上仰卧起坐（持药球于颈后）（第 117 页）3 组，每组动作重复 15 次。

悬体收腹抬腿转体（第 50 页）3 组，每组动作重复 8 次。

4. 灵活性训练

拉伸 14~23（*Training for Warriors* 中的第 17 章），1 组重复 5 次吸气 / 呼气。

飓风训练计划

1. 热身，25 分钟

所有身体固定的热身训练（*Training for Warriors* 的第 43~47 页）2 组，每组动作重复 10 次。

所有身体移动的热身训练（*Training for Warriors* 的第 48~50 页）2 组，每组动作移动 20 码（约 18 米）。

所有激活肌肉的热身训练（*Training for Warriors* 的第 51~58 页）1 组，每组动作重复 8 次（如果需要两侧同时完成，则需要交换另一侧）。

2. 心肺功能训练：跳绳专项训练，12 分钟

完成 2 组 5 分钟跳绳训练的 10 个运动项目（第 291 页）。

3. 飓风训练计划类别 2

在跑步机速度为 10 英里 / 小时（约 16.09 千米 / 小时），

10% 斜坡的条件下，完成 3 组 20 秒跑步训练。同时每组冲刺结束后，完成 20 次双脚向下仰卧卷腹（常规仰卧卷腹）（第 54 页）和 20 次双脚向上仰卧卷腹（第 53 页）。

在跑步机速度为 11 英里 / 小时（约 17.70 千米 / 小时），10% 斜坡的条件下，完成 3 组 20 秒跑步训练。同时每组冲刺结束后，完成 20 次屈膝抓腿（第 161 页）和 20 次上下剪刀腿（第 53 页）。

在跑步机速度为 12 英里 / 小时（约 19.31 千米 / 小时），10% 斜坡的条件下，完成 3 组 20 秒跑步训练。同时每组冲刺结束后，完成 20 次屈膝划船（第 161 页）和 20 次收腹分腿（第 160 页）。

4. 灵活性训练

拉伸 1~18（第 295~303 页）。

每个拉伸动作持续 5 次呼吸，完成 1 组。

下半身力量训练计划

1. 热身，12 分钟

所有泡沫轴练习 19~25（第

304~307 页）。

所有身体固定的热身训练（*Training for Warriors* 的第 43~47 页）。

所有激活肌肉的热身训练（*Training for Warriors* 的第 51~58 页）。

2. 下半身力量训练

俯身硬拉（第 95 页）5 组，每组动作重复 7 次。

举哑铃至肩然后下蹲（第 93 页）4 组，每组动作重复 8 次。

肩扛杠铃前弓步（第 22 页）3 组，每条腿完成 6 个重复动作。

3. 核心力量训练

收腹分腿（第 160 页）3 组，每组动作重复 8 次。

拉绳收腹（第 165 页）3 组，每侧完成 8 次动作。

屈膝抓腿（第 161 页）3 组，每组动作重复 20 次。

4. 灵活性训练

拉伸 1~18（第 295~303 页）。

每个拉伸动作持续 5 次呼吸，完成 1 组。

第 5 周

完成 3 分钟悬体臂屈伸武者挑战（第 218 页）。

上半身力量训练计划

1. 热身，15 分钟

所有身体固定的热身训练（*Training for Warriors* 的第 43~47 页），每组动作重复 10 次。

弹力带训练 22~43（第 142~151 页），每组动作重复 8 次。

2. 上半身力量训练

俯卧撑

三角形俯卧撑（第 169 页）2 组，每组动作重复 10 次。

指关节撑地俯卧撑（第 230 页）3 组，每组动作重复 15 次。

颈部训练

头悬重物颈部屈曲和伸展（第 61 页）2 组，每组动作重复 10 次。

头悬重物颈部旋转（第 61 页）2 组，每组动作重复 8 次。

胸部训练

仰卧窄握推举（第 235 页）4 组，每组动作重复 8 次。

仰卧双臂推举（第 207 页）3 组，每组动作重复 8 次。

背部训练

正手引体向上（第 14 页）3 组，每组动作重复 8 次。

逆向划船（第 30 页）3 组，每组动作重复 10 次。

手臂训练

肱二头肌弯举和推举（第 19 页）3 组，每组动作重复 10 次。

肱三头肌臂屈伸（第 20 页）3 组，每组动作重复 10 次。

3. 核心力量训练

板上持重物俄罗斯转体（第 59 页）3 组，每侧动作重复 8 次。

翻身上杠（第 17 页）3 组，每组动作重复 10 次。

板上举髋（第 59 页）3 组，每组动作重复 15 次。

4. 灵活性训练

拉伸 14~23（*Training for Warriors* 中的第 17 章）1 组重复 5 次吸气 / 呼气。

飓风训练计划

1. 热身，25 分钟

所有身体固定的热身训练（*Training for Warriors* 的第 43~47 页）2 组，每组动作重复 10 次。

所有身体移动的热身训练（*Training for Warriors* 的第 48~50 页）2 组，每组动作移动 20 码（约 18 米）。

所有激活肌肉的热身训练（*Training for Warriors* 的第 51~58 页）1 组，每组动作重复 8 次（如果需要两侧同时完成，则需要交换另一侧）。

2. 心肺功能训练：跳绳专项训练，12 分钟

完成 2 组 5 分钟跳绳训练的 10 个运动项目（第 291 页）。

3. 飓风训练计划类别 3

在跑步机速度为 10 英里 / 小时（约 16.09 千米 / 小时），10% 斜坡的条件下，完成 3 组 20 秒跑步训练。同时每组冲刺结束后，完成 20 次登山者（宽）（第 71 页）和 10 次双手持单只

壶铃摆动（第 203 页）。

在跑步机速度为 11 英里 / 小时（约 17.70 千米 / 小时），10% 斜坡的条件下，完成 3 组 20 秒跑步训练。同时每组冲刺结束后，完成 20 次按药球跨大步登山姿势（第 121 页）和 10 次分腿双臂挺举（第 205 页）。

在跑步机速度为 11.5 英里 / 小时（约 18.51 千米 / 小时），10% 斜坡的条件下，完成 3 组 20 秒跑步训练。同时每组冲刺结束后，完成 15 次按药球收腹跳（第 121 页）和每只手 8 次持壶铃单臂上摆（第 202 页）。

4. 灵活性训练

拉伸 1~18（第 295~303 页）。每个拉伸动作持续 5 次呼吸，完成 1 组。

下半身力量训练计划

1. 热身，12 分钟

所有泡沫轴练习 19~25（第 304~307 页）。

所有身体固定的热身训练（*Training for Warriors* 的第 43~47 页）。

所有激活肌肉的热身训练（*Training for Warriors* 的第 51~58 页）。

2. 下半身力量训练

双手持壶铃于颈后弯腰（第 214 页）3 组，每组动作重复 8 次。

直腿硬拉（第 21 页）4 组，每组动作重复 8 次。

手握杠铃分腿下蹲（第 30 页）4 组，每组动作重复 8 次。

持哑铃俯身弓步走（第 91

页）3 组，每条腿走 8 步。

3. 核心力量训练

仰卧起坐出拳（第 115 页）3 组，每组动作重复 16 次。

腿放低（第 163 页）3 组，每组动作重复 10 次。

上下剪刀腿（第 53 页）3 组，每组动作重复 20 次。

4. 灵活性训练

拉伸 1~18（第 295~303 页）。每个拉伸动作持续 5 次呼吸，完成 1 组。

第 6 周

完成 3 分钟出拳武者挑战（第 124 页）。

上半身力量训练计划

1. 热身，15 分钟

所有身体固定的热身训练（*Training for Warriors* 的第 43~47 页），每组动作重复 10 次。

弹力带训练 22~43（第 142~151 页），每组动作重复 8 次。

2. 上半身力量训练

俯卧撑

提臀俯卧撑（第 170 页）2 组，每组动作重复 10 次。

侧移俯卧撑（第 169 页）2 组，每组动作重复 10 次。

颈部训练

头悬重物颈部屈曲和伸展（第 61 页）2 组，每组动作重复 10 次。

头悬重物颈部旋转（第 61 页）2 组，每组动作重复 8 次。

胸部训练

仰卧反握推举（第 235 页）

4组，每组动作重复8次。

仰卧双臂推举（第207页）3组，每组动作重复8次。

背部训练

三角形引体向上（第14页）3组，每组动作重复8次。

逆向划船（第30页）3组，每组动作重复10次。

手臂训练

肱二头肌弯举和推举（第19页）3组，每组动作重复10次。

肱三头肌臂屈伸（第20页）3组，每组动作重复10次。

3. 核心力量训练

仰卧举杠铃扭体（第173页）3组，每组动作重复8次。

摆体引体向上（第16页）3组，每个方向完成6次。

举杠铃仰卧起坐（第174页）3组，每组动作重复15次。

4. 灵活性训练

拉伸14~23（*Training for Warriors*中的第17章），1组重复5次吸气/呼气。

飓风训练计划

1. 热身，25分钟

所有身体固定的热身训练（*Training for Warriors*的第43~47页）2组，每组动作重复10次。

所有身体移动的热身训练（*Training for Warriors*的第48~50页）2组，每组动作移动20码（约18米）。

所有激活肌肉的热身训练（*Training for Warriors*的第51~58页）1组，每组动作重复8次（如果需要两侧同时完成，则需要交换另一侧）。

2. 心肺功能训练：跳绳专项训练，12分钟

完成2组5分钟跳绳训练的10个运动项目（第291页）。

3. 飓风训练计划类别3

在跑步机速度为11英里/小时（约17.70千米/小时），10%斜坡的条件下，完成3组20秒跑步训练。同时每组冲刺结束后，完成20次按药球跨大步登山姿势（第121页）和每只手10次持壶铃双臂交替弯举至肩（第204页）。

在跑步机速度为12英里/小时（约19.31千米/小时），10%斜坡的条件下，完成3组20秒跑步训练。同时每组冲刺结束后，完成15次按药球收腹跳（第121页）和每只手10次单臂抓举（第206页）。

在跑步机速度为10英里/小时（约16.09千米/小时），10%斜坡的条件下，完成3组20秒跑步训练。同时每组冲刺结束后，完成20次登山者（窄）（第71页）和10次双手持单只壶铃摆动（第203页）。

4. 灵活性训练

拉伸1~18（第295~303页）。每个拉伸动作持续5次呼吸，完成1组。

下半身力量训练计划

1. 热身，12分钟

所有泡沫轴练习19~25（第304~307页）。

所有身体固定的热身训练

（*Training for Warriors*的第43~47页）。

所有激活肌肉的热身训练（*Training for Warriors*的第51~58页）。

2. 下半身力量训练

双手持壶铃于颈后弯腰（第214页）3组，每组动作重复8次。

直腿硬拉（第21页）4组，每组动作重复8次。

手握杠铃分腿下蹲（第30页）4组，每组动作重复8次。

持哑铃俯身弓步走（第91页）3组，每条腿走8步。

3. 核心力量训练

仰卧起坐出拳（第115页）3组，每组动作重复16次。

腿放低（第163页）3组，每组动作重复10次。

上下剪刀腿（第53页）3组，每组动作重复20次。

4. 灵活性训练

拉伸1~18（第295~303页）。每个拉伸动作持续5次呼吸，完成1组。

下半身力量训练计划

1. 热身，12分钟

所有泡沫轴练习19~25（第304~307页）。

所有身体固定的热身训练（*Training for Warriors*的第43~47页）。

所有激活肌肉的热身训练（*Training for Warriors*的第51~58页）。

2. 下半身力量训练

直腿硬拉（第21页）4组，

每组动作重复 8 次。

手握杠铃分腿下蹲（第 30 页）4 组，每组动作重复 8 次。

持哑铃俯身弓步走（第 91 页）3 组，每条腿走 8 步。

双手持壶铃于颈后弯腰（第 214 页）3 组，每组动作重复 8 次。

3. 核心力量训练

收腹抬腿出拳（第 116 页）3 组，每组动作重复 16 次。

腿放低外展（第 163 页）3 组，每组动作重复 10 次。

登山者（宽）（第 71 页）2 组，每组动作重复 20 次。

4. 灵活性训练

拉伸 1~18（第 295~303 页）。

每个拉伸动作持续 5 次呼吸，完成 1 组。

第 7 周

完成 1 分钟踢腿武者挑战（第 62 页）。

上半身力量训练计划

1. 热身，15 分钟

所有身体固定的热身训练（*Training for Warriors* 的第 43~47 页），每组动作重复 10 次。

弹力带训练 22~43（第 142~151 页），每组动作重复 8 次。

2. 上半身力量训练

俯卧撑

弯腰俯卧撑（第 113 页）2 组，每组动作重复 10 次。

单臂俯卧撑（第 112 页）2 组，每只手重复 10 次。

颈部训练

头悬重物颈部屈曲和伸展（第 61 页）2 组，每组动作重复 10 次。

头悬重物颈部旋转（第 61 页）2 组，每组动作重复 8 次。

胸部训练

仰卧反握推举（第 235 页）4 组，每组动作重复 8 次。

仰卧单臂交替推举（第 208 页）3 组，每侧完成 5 次动作。

背部训练

屈体引体向上（第 15 页）3 组，每组动作重复 8 次。

增强式握法变换（第 87 页）3 组，每组动作重复 10 次。

手臂训练

肱二头肌弯举和推举（第 19 页）3 组，每组动作重复 10 次。

手握杠铃法式卧推（第 26 页）3 组，每组动作重复 10 次。

3. 核心力量训练

仰卧举杠铃扭体（第 173 页）3 组，每组动作重复 8 次。

悬身收腹横摆（第 89 页）3 组，每侧完成 6 次。

举杠铃仰卧起坐（第 174 页）3 组，每组动作重复 15 次。

4. 灵活性训练

拉伸 14~23（*Training for Warriors* 中的第 17 章），1 组重复 5 次吸气 / 呼气。

飓风训练计划

1. 热身，25 分钟

所有身体固定的热身训练（*Training for Warriors* 的第 43~47 页）2 组，每组动作重复 10 次。

所有身体移动的热身训练（*Training for Warriors* 的第 48~50 页）2 组，每组动作移动 20 码（约 18 米）。

所有激活肌肉的热身训练（*Training for Warriors* 的第 51~58 页）1 组，每组动作重复 8 次（如果需要两侧同时完成，则需要交换另一侧）。

2. 心肺功能训练：跳绳专项训练，12 分钟

完成 2 组 5 分钟跳绳训练的 10 个运动项目（第 291 页）。

3. 飓风训练计划类别 3

在跑步机速度为 10 英里 / 小时（约 16.09 千米 / 小时），10% 斜坡的条件下，完成 3 组 20 秒跑步训练。同时每组冲刺结束后，完成 20 次登山者（窄）（第 71 页）和每侧 3 次的持壶铃土耳其式坐起（第 207 页）。

在跑步机速度为 11.5 英里 / 小时（约 18.51 千米 / 小时），10% 斜坡的条件下，完成 3 组 20 秒跑步训练。同时每组冲刺结束后，完成 20 次按药球跨大步登山姿势（第 121 页）和 20 次双臂单壶铃抓举（第 206 页）。

在跑步机速度为 12.5 英里 / 小时（约 20.12 千米 / 小时），10% 斜坡的条件下，完成 3 组 20 秒跑步训练。同时每组冲刺结束后，完成 15 次按药球收腹跳（第 121 页）和 12 次双手持单只壶铃摆动（第 203 页）。

4. 灵活性训练

拉伸 1~18（第 295~303 页）。

每个拉伸动作持续 5 次呼吸，完成 1 组。

下半身力量训练计划

1. 热身，12 分钟

所有泡沫轴练习 19~25（第 304~307 页）。

所有身体固定的热身训练（*Training for Warriors* 的第 43~47 页）。

所有激活肌肉的热身训练（*Training for Warriors* 的第 51~58 页）。

2. 下半身力量训练

直腿硬拉（第 21 页）4 组，每组动作重复 8 次。

手握杠铃分腿下蹲（第 30 页）4 组，每组动作重复 8 次。

持哑铃俯身弓步走（第 91 页）3 组，每条腿走 8 步。

单腿站立硬拉（第 211 页）2 组，每条腿完成 6 次。

3. 核心力量训练

收腹抬腿出拳（第 116 页）3 组，每组动作重复 16 次。

收腹抬腿（第 166 页）3 组，每组动作重复 15 次。

抱臂收腹（第 165 页）3 组，每组动作重复 20 次。

4. 灵活性训练

拉伸 1~18（第 295~303 页）。

每个拉伸动作持续 5 次呼吸，完成 1 组。

第 8 周

4 项自重训练综合武者挑战（第 260 页）。

上半身力量训练计划

1. 热身，15 分钟

所有身体固定的热身训练

（*Training for Warriors* 的第 43~47 页），每组动作重复 10 次。

弹力带训练 22~43（第 142~151 页），每组动作重复 8 次。

2. 上半身力量训练

俯卧撑

踢腿俯卧撑（第 46 页）2 组，每组动作重复 10 次。

蝎式俯卧撑（第 132 页）2 组，每只手重复 10 次。

颈部训练

头悬重物颈部屈曲和伸展（第 61 页）2 组，每组动作重复 10 次。

头悬重物颈部旋转（第 61 页）2 组，每组动作重复 8 次。

胸部训练

仰卧反握推举（第 235 页）4 组，每组动作重复 8 次。

仰卧单臂交替推举（第 208 页）3 组，每侧完成 5 次动作。

背部训练

屈体引体向上（第 15 页）3 组，每组动作重复 8 次。

增强式握法变换（第 87 页）3 组，每组动作重复 10 次。

手臂训练

肱二头肌弯举和推举（第 19 页）3 组，每组动作重复 10 次。

手握杠铃法式卧推（第 26 页）3 组，每组动作重复 10 次。

3. 核心力量训练

倚瑞士球举杠铃扭体（第 174 页）3 组，每侧重复 8 次。

悬身收腹横摆（第 89 页）3 组，每侧重复 6 次。

倚瑞士球持药球仰卧起坐（第 175 页）3 组，每组动作重复 15 次。

4. 灵活性训练

拉伸 14~23（*Training for Warriors* 中的第 17 章），1 组重复 5 次吸气 / 呼气。

飓风训练计划

1. 热身，25 分钟

所有身体固定的热身训练（*Training for Warriors* 的第 43~47 页）2 组，每组动作重复 10 次。

所有身体移动的热身训练（*Training for Warriors* 的第 48~50 页）2 组，每组动作移动 20 码（约 18 米）。

所有激活肌肉的热身训练（*Training for Warriors* 的第 51~58 页）1 组，每组动作重复 8 次（如果需要两侧同时完成，则需要交换另一侧）。

2. 心肺功能训练：跳绳专项训练，12 分钟

完成 2 组 5 分钟跳绳训练的 10 个运动项目（第 291 页）。

3. 飓风训练计划类别 2

在跑步机速度为 12 英里 / 小时（约 19.31 千米 / 小时），10% 斜坡的条件下，完成 3 组 20 秒跑步训练。同时每组冲刺结束后，完成 20 次仰卧起坐出拳（第 115 页）和 6 次按壶铃俯卧撑屈膝至肘（第 216 页）。

在跑步机速度为 13 英里 / 小时（约 20.92 千米 / 小时），10% 斜坡的条件下，完成 3 组 20 秒跑步训练。同时每组冲刺结束后，完成 15 次出拳冲刺（第 116 页）和每只手 6 次按壶铃俯卧撑（第 215 页）。

在跑步机速度为 11 英里 / 小时（约 17.70 千米 / 小时），10% 斜坡的条件下，完成 3 组 25 秒跑步训练。同时每组冲刺结束后，完成 20 次冲刺仰卧起坐（第 90 页）和 15 次按壶铃俯卧撑（第 215 页）。

4. 灵活性训练

拉伸 1~18（第 295~303 页）。

每个拉伸动作持续 5 次呼吸，完成 1 组。

下半身力量训练计划

1. 热身，12 分钟

所有泡沫轴练习 19~25（第 304~307 页）。

所有身体固定的热身训练（*Training for Warriors* 的第 43~47 页）。

所有激活肌肉的热身训练（*Training for Warriors* 的第 51~58 页）。

2. 下半身力量训练

直腿硬拉（第 21 页）4 组，每组动作重复 8 次。

手握杠铃分腿下蹲（第 30 页）4 组，每组动作重复 8 次。

持杠铃泽奇弓步（第 97 页）3 组，每条腿重复 8 次。

单腿站立硬拉（第 211 页）2 组，每条腿完成 6 次。

3. 核心力量训练

伸手收腹（第 166 页）3 组，每组动作重复 15 次。

侧向转体收腹（第 160 页）2 组，每侧重复 10 次。

提髋收腹（第 164 页）3 组，每组动作重复 20 次。

4. 灵活性训练

拉伸 1~18（第 295~303 页）。

每个拉伸动作持续 5 次呼吸，完成 1 组。

模块 2

在每一个模块中间，有一周的休息时间。在休息周将要结束，即将开始模块 2 之前，测试一下自己的最大卧推力量、举重力量和负重引体向上力量。

第 1 周

完成 4 分钟俯卧撑武者挑战（第 180 页）。

上半身力量训练计划

1. 热身，15 分钟

所有身体固定的热身训练（*Training for Warriors* 的第 43~47 页），每组动作重复 10 次。

弹力带训练 22~43（第 142~151 页），每组动作重复 8 次。

2. 上半身力量训练

俯卧撑

指关节撑地俯卧撑（第 230 页）2 组，每组动作重复 20 次。

蝎式俯卧撑（第 132 页）2 组，每组动作重复 10 次。

颈部训练

毛巾施力颈部等距用力低头和抬头（第 60 页）各 3 组，每组动作分别坚持 10 秒。

胸部训练

仰卧窄握推举（第 235 页）4 组，每组动作重复 8 次。

双杠臂屈伸（第 13 页）5 组，每组动作重复 8 次。

背部训练

反手引体向上（第 13 页）2 组，每组动作重复 10 次。

正手引体向上（第 14 页）2 组，每组动作重复 8 次。

手臂训练

杠铃弯举（第 26 页）4 组，每组动作重复 8 次。

3. 核心力量训练

冲刺仰卧起坐（第 90 页）3 组，每组动作重复 16 次。

脚踏车（第 55 页）3 组，每组动作重复 16 次。

板上持药球收腹转体（第 117 页）3 组，每组动作重复 10 次。

4. 灵活性训练

拉伸 14~23（*Training for Warriors* 的第 17 章）1 组重复 5 次吸气 / 呼气。

飓风训练计划

1. 热身，25 分钟

所有身体固定的热身训练（*Training for Warriors* 的第 43~47 页）2 组，每组动作重复 10 次。

所有身体移动的热身训练（*Training for Warriors* 的第 48~50 页）2 组，每组动作移动 20 码（约 18 米）。

所有激活肌肉的热身训练（*Training for Warriors* 的第 51~58 页）1 组，每组动作重复 8 次（如果需要两侧同时完成，则需要交换另一侧）。

2. 心肺功能训练：爬梯专项训练

完成所有的 8 个爬梯训练

（*Training for Warriors* 的 第 174~177 页），连续完成 2 次。完成第 1 组动作之后休息 2 分钟，再重复 2 组同样的动作。

3. 飓风训练计划类别 1

在跑步机速度为 10 英里 / 小时（约 16.09 千米 / 小时），10% 斜坡的条件下，完成 8 组 25 秒跑步训练。

完成每组动作后，心脏得到充分恢复，心率达到 120 次 / 分以下。

4. 灵活性训练

拉伸 1~18（第 295~303 页）。

每个拉伸动作持续 5 次呼吸，完成 1 组。

下半身力量训练计划

1. 热身，12 分钟

所有泡沫轴练习 19~25（第 304~307 页）。

所有身体固定的热身训练（*Training for Warriors* 的 第 43~47 页）。

所有激活肌肉的热身训练（*Training for Warriors* 的 第 51~58 页）。

2. 下半身力量训练

俯身硬拉（第 95 页）4 组，每组动作重复 8 次。

单腿直腿硬拉（第 22 页）4 组，每组动作重复 8 次。

手握哑铃侧弓步（第 23 页）3 组，每条腿完成 8 个重复动作。

持壶铃下蹲（第 209 页）2 组，每组动作重复 10 次。

3. 核心力量训练

板上仰卧卷腹交替出拳

（第 58 页）3 组，每组动作重复 12 次。

悬体收腹屈膝（第 49 页）3 组，每组动作重复 12 次。

板上仰卧起坐（持药球于颈后）（第 117 页）3 组，每组动作重复 10 次。

4. 灵活性训练

拉伸 1~18（第 295~303 页）。

每个拉伸动作持续 5 次呼吸，完成 1 组。

第 2 周

完成 3 分钟引体向上武者挑战（第 152 页）。

1. 热身，15 分钟

所有身体固定的热身训练（*Training for Warriors* 的 第 43~47 页），每组动作重复 10 次。

弹力带训练 22~43（第 142~151 页），每组动作重复 8 次。

2. 上半身力量训练

俯卧撑

手握哑铃俯卧撑至侧撑（第 24 页）2 组，每组动作重复 15 次。

药球俯卧撑（第 167 页）2 组，每组动作重复 10 次。

颈部训练

毛巾施力颈部等距用力低头和抬头（第 60 页）各 3 组，每组动作分别坚持 10 秒。

胸部训练

仰卧窄握推举（第 235 页）4 组，每组动作重复 8 次。

持哑铃肱三头肌滚展（第 99 页）5 组，每组动作重复 8 次。

背部训练

反手引体向上（第 13 页）

2 组，每组动作重复 10 次。

正手引体向上（第 14 页）2 组，每组动作重复 8 次。

手臂训练

杠铃弯举（第 26 页）4 组，每组动作重复 8 次。

3. 核心力量训练

冲刺仰卧起坐（第 90 页）3 组，每组动作重复 16 次。

脚踏车（第 55 页）3 组，每组动作重复 16 次。

屈膝抓腿（第 161 页）3 组，每组动作重复 10 次。

4. 灵活性训练

拉伸 14~23（*Training for Warriors* 中的 第 17 章），1 组重复 5 次吸气 / 呼气。

飓风训练计划

1. 热身，25 分钟

所有身体固定的热身训练（*Training for Warriors* 的 第 43~47 页）2 组，每组动作重复 10 次。

所有身体移动的热身训练（*Training for Warriors* 的 第 48~50 页）2 组，每组动作移动 20 码（约 18 米）。

所有激活肌肉的热身训练（*Training for Warriors* 的 第 51~58 页）1 组，每组动作重复 8 次（如果需要两侧同时完成，则需要交替另一侧）。

2. 心肺功能训练：爬梯专项训练

完成所有的 8 个爬梯训练（*Training for Warriors* 的 第 174~177 页），连续完成 2 次。完成第 1 组动作之后休息 2 分钟，再重复2组同样的动作。

3.飓风训练计划类别2

在跑步机速度为11英里/小时（约17.70千米/小时），10%斜坡的条件下，完成3组25秒跑步训练。同时每组冲刺结束后，完成20次屈膝抓腿（第161页），20次手握哑铃俯卧撑至侧撑（第24页）。

在跑步机速度为12英里/小时（约19.31千米/小时），10%斜坡的条件下，完成3组25秒跑步训练。同时每组冲刺结束后，完成20次屈膝划船（第161页），20次手握哑铃俯卧撑屈膝至肘关节（第25页）。

在跑步机速度为13英里/小时（约20.92千米/小时），10%斜坡的条件下，完成3组25秒跑步训练。同时每组冲刺结束后，完成15次屈膝双肩外旋（第162页），以及每只手6次持哑铃俯卧撑后划船（第94页）。

4.灵活性训练

拉伸1~18（第295~303页）。每个拉伸动作持续5次呼吸，完成1组。

下半身力量训练计划

1.热身，12分钟

所有泡沫轴练习19~25（第304~307页）。

所有身体固定的热身训练（*Training for Warriors* 的第43~47页）。

所有激活肌肉的热身训练（*Training for Warriors* 的第51~58页）。

2.下半身力量训练

俯身硬拉（第95页）4组，每组动作重复8次。

单腿直腿硬拉（第22页）4组，每组动作重复8次。

手握哑铃侧弓步（第23页）3组，每条腿完成8次。

双手硬拉至高拉（第211页）2组，每组动作重复10次。

3.核心力量训练

悬体交替收腹抬腿（第49页）3组，每组动作重复16次。

板上仰卧卷腹交替出拳（第58页）3组，每组动作重复16次。

悬体收腹抬腿（第49页）3组，每组动作重复10次。

4.灵活性训练

拉伸1~18（第295~303页）。每个拉伸动作持续5次呼吸，完成1组。

第3周

完成3分钟仰卧起坐武者挑战（第36页）。

1.热身，15分钟

所有身体固定的热身训练（*Training for Warriors* 的第43~47页），每组动作重复10次。

弹力带训练22~43（第142~151页），每组动作重复8次。

2.上半身力量训练

俯卧撑

手握哑铃俯卧撑屈膝至肘关节（第25页）2组，每组动作重复10次。

指关节撑地俯卧撑（第230页）2组，每组动作重复10次。

颈部训练

毛巾施力颈部等距用力低头和抬头（第60页）各3组，每组动作分别坚持10秒。

胸部训练

仰卧窄握推举（第235页）4组，每组动作重复8次。

持哑铃肱三头肌滚展（第99页）5组，每组动作重复8次。

背部训练

交错抓握引体向上（第16页）2组，每组动作重复10次。

弓背双侧握引体向上（第88页）2组，每组动作重复8次。

手臂训练

杠铃弯举（第26页）4组，每组动作重复8次。

3.核心力量训练

脚踏车（第55页）3组，每组动作重复16次。

直腿脚踏车（第75页）3组，每组动作重复16次。

屈膝双肩外旋（第162页）3组，每组动作重复15次。

4.灵活性训练

拉伸14~23（*Training for Warriors* 中的第17章），1组重复5次吸气/呼气。

飓风训练计划

1.热身，25分钟

所有身体固定的热身训练（*Training for Warriors* 的第43~47页）2组，每组动作重复10次。

所有身体移动的热身训练（*Training for Warriors* 的第48~50页）2组，每组动作移动20码（约18米）。

所有激活肌肉的热身训练

（*Training for Warriors* 的第 51~58 页）1 组，每组动作重复 8 次（如果需要两侧同时完成，则需要交换另一侧）。

2. 心肺功能训练：爬梯专项训练

完成所有的 8 个爬梯训练（*Training for Warriors* 的第 174~177 页），连续完成 2 次。完成第 1 组动作之后休息 2 分钟，再重复 2 组同样的动作。

3. 飓风训练计划类别 3

在跑步机速度为 10 英里 / 小时（约 16.09 千米 / 小时），10% 斜坡的条件下，完成 3 组 25 秒跑步训练。同时每组冲刺结束后，完成 20 次登山者（宽）（第 71 页），10 次双手持单只壶铃摆动（第 203 页）。

在跑步机速度为 11 英里 / 小时（约 17.70 千米 / 小时），10% 斜坡的条件下，完成 3 组 20 秒跑步训练。同时每组冲刺结束后，完成 20 次按药球跨大步登山姿势（第 121 页），每只手 10 次持壶铃双臂交替弯举至肩（第 204 页）。

在跑步机速度为 12 英里 / 小时（约 19.31 千米 / 小时），10% 斜坡的条件下，完成 3 组 20 秒跑步训练。同时每组冲刺结束后，完成 20 次按药球收腹跳（第 121 页），每只手 6 次单臂抓举（第 206 页）。

4. 灵活性训练

拉伸 1~18（第 295~303 页）。每个拉伸动作持续 5 次呼吸，完成 1 组。

下半身力量训练计划

1. 热身，12 分钟

所有泡沫轴练习 19~25（第 304~307 页）。

所有身体固定的热身训练（*Training for Warriors* 的第 43~47 页）。

所有激活肌肉的热身训练（*Training for Warriors* 的第 51~58 页）。

2. 下半身力量训练

俯身硬拉（第 95 页）5 组，每组动作重复 7 次。

单腿直腿硬拉（第 22 页）4 组，每条腿完成 8 次动作。

手握杠铃后弓步（第 28 页）3 组，每条腿完成 6 次动作。

双手硬拉至高拉（第 211 页）2 组，每组动作重复 10 次。

3. 核心力量训练

板上仰卧卷腹交替出拳（第 58 页）3 组，每组动作重复 16 次。

悬体收腹抬腿（第 49 页）3 组，每组动作重复 12 次。

板上仰卧起坐持球推举（第 118 页）3 组，每组动作重复 12 次。

4. 灵活性训练

拉伸 1~18（第 295~303 页）。每个拉伸动作持续 5 次呼吸，完成 1 组。

第 4 周

完成 2 分钟地板翻转武者挑战（第 102 页）。

1. 上半身力量训练

手握哑铃俯卧撑至侧撑（第 24 页）2 组，每组动作重复 10 次。

药球俯卧撑（第 167 页）2 组，每组动作重复 15 次。

颈部训练

毛巾施力颈部等距用力低头和抬头（第 60 页）各 3 组，每组动作分别坚持 10 秒。

胸部训练

仰卧窄握推举（第 235 页）4 组，每组动作重复 8 次。

持哑铃肱三头肌滚展（第 99 页）5 组，每组动作重复 8 次。

背部训练

交错抓握引体向上（第 16 页）2 组，每组动作重复 10 次。

弓背双侧握引体向上（第 88 页）2 组，每组动作重复 8 次。

手臂训练

单臂持杠铃弯举（第 98 页）3 组，每只手完成 6 次动作。

卷腕器（第 100 页）3 组，上下分别完成 6 次动作。

2. 核心力量训练

收腹分腿（第 160 页）3 组，每侧完成 8 次动作。

拉绳收腹（第 165 页）3 组，每侧完成 8 次动作。

收腹抬脚左右摆动（第 176 页）3 组，完成 16 次摆动。

3. 灵活性训练

拉伸 14~23（*Training for Warriors* 中的第 17 章），1 组重复 5 次吸气 / 呼气。

飓风训练计划

1. 热身，25 分钟

所有身体固定的热身训练（*Training for Warriors* 的第 43~47 页）2 组，每组动作重复 10 次。

所有身体移动的热身训练（*Training for Warriors* 的第48~50页）2组，每组动作移动20码（约18米）。

所有激活肌肉的热身训练（*Training for Warriors* 的第51~58页）1组，每组动作重复8次（如果需要两侧同时完成，则需要交换另一侧）。

2. 心肺功能训练：爬梯专项训练

完成所有的8个爬梯训练（*Training for Warriors* 的第174~177页），连续完成2次。完成第1组动作之后休息2分钟，再重复2组同样的动作。

3. 飓风训练计划类别3

在跑步机速度为10英里/小时（约16.09千米/小时），10%斜坡的条件下，完成3组25秒跑步训练。同时每组冲刺结束后，完成20次双脚向下仰卧卷腹（常规仰卧卷腹）（第54页），以及每只手6次单手举哑铃至肩（第92页）。

在跑步机速度为11英里/小时（约17.70千米/小时），10%斜坡的条件下，完成3组20秒跑步训练。同时每组冲刺结束后，完成20次屈膝抓腿（第161页），以及每只手6次单手举哑铃至肩（第92页）。

在跑步机速度为12英里/小时（约19.31千米/小时），10%斜坡的条件下，完成3组20秒跑步训练。同时每组冲刺结束后，完成20次屈膝划船（第161页），以及12次持药球下蹲后推举（第119页）。

4. 灵活性训练

拉伸1~18（第295~303页）。

每个拉伸动作持续5次呼吸，完成1组。

下半身力量训练计划

1. 热身，12分钟

所有泡沫轴练习19~25（第304~307页）。

所有身体固定的热身训练（*Training for Warriors* 的第43~47页）。

所有激活肌肉的热身训练（*Training for Warriors* 的第51~58页）。

2. 下半身力量训练

俯身硬拉（第95页）5组，每组动作重复7次。

肩扛杠铃前弓步（第22页）4组，每条腿完成8次动作。

手握杠铃后弓步（第28页）3组，每条腿完成8次动作。

单腿下蹲（持两只壶铃于体侧）（第211页）2组，每条腿完成8次动作。

3. 核心力量训练

悬体交替收腹抬腿（第49页）3组，每组动作重复12次。

板上仰卧起坐（持药球于颈后）（第117页）3组，每侧完成15次动作。

悬体收腹抬腿转体（第50页）3组，每侧完成8次动作。

4. 灵活性训练

拉伸1~18（第295~303页）。

每个拉伸动作持续5次呼吸，完成1组。

第5周

完成3分钟悬体臂屈伸武者挑战（第218页）。

上半身力量训练计划

1. 热身，15分钟

所有身体固定的热身训练（*Training for Warriors* 的第43~47页），每组动作重复10次。

弹力带训练22~43（第142~151页），每组动作重复8次。

2. 上半身力量训练

俯卧撑

持哑铃俯卧撑后划船（第94页）2组，每组动作重复10次。

指关节撑地俯卧撑（第230页）2组，每组动作重复25次。

颈部训练

头悬重物颈部屈曲和伸展（第61页）2组，每组动作重复10次。

头悬重物颈部旋转（第61页）2组，每组动作重复8次。

胸部训练

仰卧窄握推举（第235页）5组，每组动作重复7次。

肩部训练

肱三头肌臂屈伸（第20页）2组，每只手完成8次动作。

仰卧持哑铃肩关节外旋（第118页）2组，每只手完成10次动作。

背部训练

正手引体向上（第14页）2组，每组动作重复10次。

三角形引体向上（第14页）2组，每组动作重复6次。

单臂握哑铃划船（第21页）2组，每组动作重复8次。

手臂训练

单臂持杠铃弯举（第98页）3组，每只手完成6次动作。

卷腕器（第100页）3组，上下分别完成6次动作。

3. 核心力量训练

仰卧起坐出拳（第115页）3组，每组动作重复16次。

腿放低（第163页）3组，每组动作重复10次。

板上持药球收腹转体（第117页）3组，每组动作重复20次。

4. 灵活性训练

拉伸14~23（*Training for Warriors* 中的第17章，1组重复5次吸气/呼气的节奏）。

飓风训练计划

1. 热身，25分钟

所有身体固定的热身训练（*Training for Warriors* 的第43~47页）2组，每组动作重复10次。

所有身体移动的热身训练（*Training for Warriors* 的第48~50页）2组，每组动作移动20码（约18米）。

所有激活肌肉的热身训练（*Training for Warriors* 的第51~58页）1组，每组动作重复8次（如果需要两侧同时完成，则需要交换另一侧）。

2. 心肺功能训练：单杠综合训练

完成所有的单杠综合训练（*Training for Warriors* 的第184~190页）的12个训练项目，每个项目重复6次。每个训练项目要在1分20秒内完成。

3. 飓风训练计划类别4

在跑步机速度为9.5英里/小时（约15.29千米/小时）、10

英里/小时（约16.09千米/小时）以及10.5英里/小时（约16.90千米/小时），10%斜坡的条件下，完成3组30秒跑步训练。同时每组冲刺结束后，完成12次双杠臂屈伸（第13页），以及10次杠铃弯举（第26页）。

在跑步机速度为10.5英里/小时（约16.90千米/小时）、11英里/小时（约17.70千米/小时）以及11.5英里/小时（约18.51千米/小时），10%斜坡的条件下，完成3组30秒跑步训练。同时每组冲刺结束后，完成10次肱三头肌臂屈伸（第20页），以及10次屈体引体向上（第15页）。

在跑步机速度为11.5英里/小时（约18.51千米/小时）、12英里/小时（约19.31千米/小时）以及12.5英里/小时（约20.12千米/小时），10%斜坡的条件下，完成3组30秒跑步训练。同时每组冲刺结束后，完成10次肱三头肌臂屈伸（第20页），以及10次俯身硬拉（第95页）。

4. 灵活性训练

拉伸1~18（第295~303页）。每个拉伸动作持续5次呼吸，完成1组。

下半身力量训练计划

1. 热身，12分钟

所有泡沫轴练习19~25（第304~307页）。

所有身体固定的热身训练（*Training for Warriors* 的第43~47页）。

所有激活肌肉的热身训练（*Training for Warriors* 的第51~58页）。

2. 下半身力量训练

直腿硬拉（第21页）4组，每组动作重复8次。

手握杠铃蹲骑（第28页）4组，每组动作重复8次。

持哑铃俯身弓步走（第91页）3组，每条腿走8步。

单腿下蹲（持两只壶铃于体侧）（第211页）2组，每条腿完成8次动作

3. 核心力量训练

板上持重物俄罗斯转体（第59页）3组，每侧动作重复8次。

翻身上杠（第17页）3组，每组动作重复10次。

板上举髋（第59页）3组，每组动作重复15次。

4. 灵活性训练

拉伸1~18（第295~303页）。每个拉伸动作持续5次呼吸，完成1组。

第6周

完成3分钟出拳武者挑战（第124页）。

上半身力量训练计划

1. 热身，15分钟

所有身体固定的热身训练（*Training for Warriors* 的第43~47页），每组动作重复10次。

弹力带训练22~43（第142~151页），每组动作重复8次。

2. 上半身力量训练

俯卧撑

俯卧撑至双臂侧展（第168页）2组，每组动作重复10次。

内股俯卧撑（第132页）2组，每组动作重复10次。

颈部训练

头悬重物颈部屈曲和伸展（第61页）2组，每组动作重复10次。

头悬重物颈部旋转（第61页）2组，每组动作重复8次。

胸部训练

仰卧反握推举（第235页）5组，每组动作重复7次。

肩部训练

肱三头肌臂屈伸（第20页）2组，每只手完成8次动作。

仰卧持哑铃肩关节外旋（第118页）2组，每只手完成10次动作。

背部训练

正手引体向上（第14页）2组，每组动作重复10次。

正手引体向上（第14页）3组，每组动作重复8次。

单臂握哑铃划船（第21页）2组，每组动作重复8次。

手臂训练

单臂持杠铃弯举（第98页）3组，每只手完成6次动作。

卷腕器（第100页）3组，上下分别完成6次动作。

3. 核心力量训练

收腹抬腿出拳（第116页）3组，每组动作重复16次。

腿放低外展（第163页）3组，每组动作重复10次。

直腿抬高空中画圈（第162页）3组，每个方向完成10次画圈。

4. 灵活性训练

拉伸14~23（*Training for Warriors* 中的第17章），1组重复5次吸气/呼气。

飓风训练计划

1. 热身，25分钟

所有身体固定的热身训练（*Training for Warriors* 的第43~47页）2组，每组动作重复10次。

所有身体移动的热身训练（*Training for Warriors* 的第48~50页）2组，每组动作移动20码（约18米）。

所有激活肌肉的热身训练（*Training for Warriors* 的第51~58页）1组，每组动作重复8次（如果需要两侧同时完成，则需要交换另一侧）。

2. 心肺功能训练：爬梯专项训练

完成所有的8个爬梯训练（*Training for Warriors* 的第174~177页），连续完成2次。完成第1组动作之后休息2分钟，再重复2组同样的动作。

3. 飓风训练计划类别4

在跑步机速度为9.5英里/小时（约15.29千米/小时）、10英里/小时（约16.09千米/小时）以及10.5英里/小时（约16.90千米/小时），10%斜坡的条件下，完成3组30秒跑步训练。同时每组冲刺结束后，完成12次仰卧窄握推举（第235页），以及10次肱二头肌弯举和推举

（第19页）。

在跑步机速度为10.5英里/小时（约16.90千米/小时）、11英里/小时（约17.70千米/小时）以及11.5英里/小时（约18.51千米/小时），10%斜坡的条件下，完成3组30秒跑步训练。同时每组冲刺结束后，完成10次手握杠铃法式卧推（第26页），以及10次正手引体向上（第14页）。

在跑步机速度为11.5英里/小时（约18.51千米/小时）、12英里/小时（约19.31千米/小时）以及12.5英里/小时（约20.12千米/小时），10%斜坡的条件下，完成3组30秒跑步训练。同时每组冲刺结束后，完成10次俯身挺举杠铃至肩（第96页）。

4. 灵活性训练

拉伸1~18（第295~303页）。

每个拉伸动作持续5次呼吸，完成1组。

下半身力量训练计划

1. 热身，12分钟

所有泡沫轴练习19~25（第304~307页）。

所有身体固定的热身训练（*Training for Warriors* 的第43~47页）。

所有激活肌肉的热身训练（*Training for Warriors* 的第51~58页）。

2. 下半身力量训练

直腿硬拉（第21页）4组，每组动作重复8次。

手握杠铃蹲骑（第28页）4组，每组动作重复8次。

持哑铃俯身弓步走（第91

页）3组，每条腿走8步。

持壶铃单腿下蹲（第210页）2组，每条腿完成6次动作。

3. 核心力量训练

仰卧举杠铃扭体（第173页）3组，每组动作重复8次。

摆体引体向上（第16页）3组，每个方向完成6次。

举杠铃仰卧起坐（第174页）3组，每组动作重复15次。

4. 灵活性训练

拉伸1~18（第295~303页）。

每个拉伸动作持续5次呼吸，完成1组。

第7周

完成1分钟踢腿武者挑战（第62页）。

上半身力量训练计划

1. 热身，15分钟

所有身体固定的热身训练（*Training for Warriors* 的第43~47页），每组动作重复10次。

弹力带训练22~43（第142~151页），每组动作重复8次。

2. 上半身力量训练

俯卧撑

俯卧撑转体（第170页）2组，每组动作重复10次。

旋转俯卧撑（第114页）2组，每组动作重复25次。

颈部训练

头悬重物颈部屈曲和伸展（第61页）2组，每组动作重复10次。

头悬重物颈部旋转（第61页）2组，每组动作重复8次。

胸部训练

仰卧反握推举（第235页）5组，每组动作重复8次。

肩部训练

肱三头肌臂屈伸（第20页）2组，每只手完成8次动作。

仰卧持哑铃肩关节外旋（第118页）2组，每只手完成10次动作。

背部训练

正手引体向上（第14页）2组，每组动作重复10次。

屈体引体向上（第15页）3组，每组动作重复8次。

单臂握哑铃划船（第21页）2组，每组动作重复8次。

手臂训练

肱二头肌弯举和推举（第19页）3组，每组动作重复8次。

持杠铃伸腕（第27页）2组，每组动作重复10次。

持杠铃屈腕（第27页）2组，每组动作重复10次。

3. 核心力量训练

收腹抬腿出拳（第116页）3组，每组动作重复16次。

收腹抬腿（第166页）3组，每组动作重复15次。

屈膝抓腿（第161页）3组，每组动作重复20次。

4. 灵活性训练

拉伸14~23（*Training for Warriors* 中的第17章），1组重复5次吸气／呼气。

飓风训练计划

1. 热身，25分钟

所有身体固定的热身训练（*Training for Warriors* 的第43~47页）2组，每组动作重复10次。

所有身体移动的热身训练（*Training for Warriors* 的第48~50页）2组，每组动作移动20码（约18米）。

所有激活肌肉的热身训练（*Training for Warriors* 的第51~58页）1组，每组动作重复8次（如果需要两侧同时完成，则需要交换另一侧）。

2. 心肺功能训练：单杠综合训练

完成所有的单杠综合训练（*Training for Warriors* 的第184~190页）的12个训练项目，每个项目重复6次。每个训练项目要在1分20秒内完成。

3. 飓风训练计划类别2

在跑步机速度为11英里／小时（约17.70千米／小时），10%斜坡的条件下，完成3组20秒跑步训练。同时每组冲刺结束后，完成20次仰卧起坐出拳（第115页）和6次按壶铃俯卧撑屈膝至肘（第216页）。

在跑步机速度为11.5英里／小时（约18.51千米／小时），10%斜坡的条件下，完成3组25秒跑步训练。完成15次出拳冲刺（第116页）和每只手6次按壶铃俯卧撑（第215页）。

在跑步机速度为 10 英里 / 小时（约 16.09 千米 / 小时），10% 斜坡的条件下，完成 3 组 25 秒跑步训练。同时每组冲刺结束后，完成 20 次冲刺仰卧起坐（第 90 页）和 15 次按壶铃俯卧撑（第 215 页）。

4. 灵活性训练

拉伸 1~18（第 295~303 页）。

每个拉伸动作持续 5 次呼吸，完成 1 组。

下半身力量训练计划

1. 热身，12 分钟

所有泡沫轴练习 19~25（第 304~307 页）。

所有身体固定的热身训练（*Training for Warriors* 的第 43~47 页）。

所有激活肌肉的热身训练（*Training for Warriors* 的第 51~58 页）。

2. 下半身力量训练

直腿硬拉（第 21 页）4 组，每组动作重复 8 次。

持杠铃泽奇深蹲（第 96 页）4 组，每组动作重复 8 次。

持哑铃俯身弓步走（第 91 页）3 组，每条腿走 8 步。

持壶铃单腿下蹲（第 210 页）2 组，每条腿完成 6 次动作。

3. 核心力量训练

仰卧举杠铃扭体（第 173 页）3 组，每组动作重复 8 次。

摆体引体向上（第 16 页）3 组，每个方向完成 6 次。

举杠铃仰卧起坐（第 174 页）3 组，每组动作重复 15 次。

4. 灵活性训练

拉伸 1~18（第 295~303 页）。

每个拉伸动作持续 5 次呼吸，完成 1 组。

第 8 周

4 项自重训练综合武者挑战（第 260 页）。

上半身力量训练计划

1. 热身，15 分钟

所有身体固定的热身训练（*Training for Warriors* 的第 43~47 页），每组动作重复 10 次。

弹力带训练 22~43（第 142~151 页），每组动作重复 8 次。

2. 上半身力量训练

俯卧撑

单臂俯卧撑（第 112 页）2 组，每只手重复 10 次。

拍髋俯卧撑（第 168 页）2 组，每组动作重复 8 次。

颈部训练

头悬重物颈部屈曲和伸展（第 61 页）2 组，每组动作重复 10 次。

头悬重物颈部旋转（第 61 页）2 组，每组动作重复 8 次。

胸部训练

仰卧反握推举（第 235 页）4 组，每组动作重复 8 次。

背部训练

正手引体向上（第 14 页）2 组，每组动作重复 10 次。

屈体引体向上（第 15 页）2 组，每组动作重复 8 次。

单臂握哑铃划船（第 21 页）2 组，每组动作重复 8 次。

肩部训练

仰卧持哑铃肩关节外旋（第 118 页）2 组，每只手完成 10 次动作。

手臂训练

肱二头肌弯举和推举（第 19 页）3 组，每组动作重复 8 次。

持杠铃伸腕（第 27 页）2 组，每组动作重复 10 次。

持杠铃屈腕（第 27 页）2 组，每组动作重复 10 次。

3. 核心力量训练

伸手收腹（第 166 页）3 组，每组动作重复 15 次。

侧向转体收腹（第 160 页）2 组，每侧重复 10 次。

持药球收腹侧转（第 175 页）3 组，每侧重复 10 次。

4. 灵活性训练

拉伸 14~23（*Training for Warriors* 中的第 17 章），1 组重复 5 次吸气 / 呼气。

飓风训练计划

1. 热身，25 分钟

所有身体固定的热身训练（*Training for Warriors* 的第 43~47 页）2 组，每组动作重复 10 次。

所有身体移动的热身训练（*Training for Warriors* 的第 48~50 页）2 组，每组动作移动 20 码（约 18 米）。

所有激活肌肉的热身训练（*Training for Warriors* 的第 51~58 页）1 组，每组动作重复 8 次（如果需要两侧同时完成，则需要交换另一侧）。

2. 心肺功能训练：单杠综合训练

完成所有的单杠综合训练（*Training for Warriors* 的第 184～190 页）的 12 个训练项目，每个项目重复 6 次。每个训练项目要在 1 分 20 秒内完成。

3. 飓风训练计划类别 3

在跑步机速度为 10 英里 / 小时（约 16.09 千米 / 小时），10% 斜坡的条件下，完成 3 组 30 秒跑步训练。同时每组冲刺结束后，完成 10 次腿放低外展（第 163 页），以及 15 次手握哑铃前平举（第 23 页）。

在跑步机速度为 11 英里 / 小时（约 17.70 千米 / 小时），10% 斜坡的条件下，完成 3 组 25 秒跑步训练。同时每组冲刺结束后，完成 20 次拉绳收腹（第 165 页），以及手握哑铃侧平举（第 23 页）。

在跑步机速度为 12 英里 / 小时（约 19.31 千米 / 小时），10% 斜坡的条件下，完成 3 组 20 秒跑步训练。同时每组冲刺结束后，完成每侧 12 次侧向转体收腹，以及 20 次按药球收腹跳（第 121 页）。

4. 灵活性训练

拉伸 1～18（第 295～303 页）。每个拉伸动作持续 5 次呼吸，完成 1 组。

下半身力量训练计划

1. 热身，12 分钟

所有泡沫轴练习 19～25（第 304～307 页）。

所有身体固定的热身训练（*Training for Warriors* 的第 43～47 页）。

所有激活肌肉的热身训练（*Training for Warriors* 的第 51～58 页）。

2. 下半身力量训练

直腿硬拉（第 21 页）4 组，每组动作重复 8 次。

持杠铃泽奇深蹲（第 96 页）4 组，每组动作重复 8 次。

持壶铃前弓步（第 210 页）3 组，每条腿完成 8 次动作。

3. 核心力量训练

倚瑞士球举杠铃扭体（第 174 页）3 组，每侧重复 8 次。

悬身收腹横摆（第 89 页）3 组，每侧重复 6 次。

倚瑞士球持药球仰卧起坐（第 175 页）3 组，每组动作重复 15 次。

4. 灵活性训练

拉伸 1～18（第 295～303 页）。每个拉伸动作持续 5 次呼吸，完成 1 组。

模块 3

在每一个模块中间，有一周的休息时间。在休息周将要结束，即将开始模块 3 之前，测试一下自己的最大卧推力量、举重力量和负重引体向上力量。

第 1 周

完成 4 分钟俯卧撑武者挑战（第 180 页）。

上半身力量训练计划

1. 热身，15 分钟

所有身体固定的热身训练（*Training for Warriors* 的第 43～47 页），每组动作重复 10 次。

弹力带训练 22～43（第 142～151 页），每组动作重复 8 次。

2. 上半身力量训练

俯卧撑

指关节撑地俯卧撑（第 230 页）2 组，每组动作重复 10 次。

双手并拢俯卧撑（第 115 页）2 组，每组动作重复 10 次。

颈部训练

毛巾施力颈部等距用力低头和抬头（第 60 页）各 3 组，每组动作分别坚持 5 秒。

胸部训练

仰卧窄握推举（第 235 页）4 组，每组动作重复 8 次。

双杠臂屈伸（第 13 页）3 组，每组动作重复 8 次。

背部训练

反手引体向上（第 13 页）3 组，每组动作重复 8 次。

单臂握哑铃划船（第 21 页）2 组，每组动作重复 8 次。

手臂训练

单臂持杠铃弯举（第 98 页）3 组，每组动作重复 10 次。

手握哑铃肱三头肌后举（第 24 页）3 组，每组动作重复 8 次。

3. 核心力量训练

板上仰卧卷腹交替出拳（第 58 页）3 组，每组动作重复 12 次。

悬体收腹屈膝（第 49 页）

3 组，每组动作重复 10 次。

板上持药球收腹转体（第 117 页）3 组，每组动作重复 10 次。

4. 灵活性训练

拉伸 14~23（*Training for Warriors* 中的第 17 章），1 组重复 5 次吸气 / 呼气。

飓风训练计划

1. 热身，25 分钟

所有身体固定的热身训练（*Training for Warriors* 的第 43~47 页）2 组，每组动作重复 10 次。

所有身体移动的热身训练（*Training for Warriors* 的第 48~50 页）2 组，每组动作移动 20 码（约 18 米）。

所有激活肌肉的热身训练（*Training for Warriors* 的第 51~58 页）1 组，每组动作重复 8 次（如果需要两侧同时完成，则需要交换另一侧）。

2. 心肺功能训练：弹力带专项训练

完成以下 10 个训练内容，每个训练内容重复 8 次。完成第 1 组训练后，休息 1 分 30 秒，接着再完成 1 组（第 142~147 页）。

双手拉弹力带经双腿至右侧

双手拉弹力带经双腿至左侧

双手拉弹力带至右侧

双手拉弹力带至左侧

双手拉弹力带至右肩

双手拉弹力带至左肩

后拉弹力带飞行员

交替后拉弹力带飞行员

双臂拉弹力带过头顶

弯腰划船（游泳）

3. 飓风训练计划类别 1

在跑步机速度为 9.5 英里 / 小时（约 15.29 千米 / 小时）、10.5 英里 / 小时（约 16.90 千米 / 小时）和 11.5 英里 / 小时（约 18.51 千米 / 小时），10% 斜坡的条件下，分别完成 3 组 25 秒跑步训练。完成每组动作后，心脏得到充分恢复，心率达到 130 次 / 分以下。

4. 灵活性训练

拉伸 1~18（第 295~303 页）。

每个拉伸动作持续 5 次呼吸，完成 1 组。

下半身力量训练计划

1. 热身，12 分钟

所有泡沫轴练习 19~25（第 304~307 页）。

所有身体固定的热身训练（*Training for Warriors* 的第 43~47 页）。

所有激活肌肉的热身训练（*Training for Warriors* 的第 51~58 页）。

2. 下半身力量训练

俯身硬拉（第 95 页）4 组，每组动作重复 8 次。

早安式（第 29 页）4 组，每组动作重复 8 次。

手握哑铃侧弓步（第 23 页）3 组，每条腿完成 8 个重复动作。

持药球跨步跳（第 120 页）3 组，每组动作重复 8 次。

3. 核心力量训练

双脚向下仰卧卷腹（常规仰卧卷腹）（第 54 页）3 组，每组动作重复 15 次。

双脚向上仰卧卷腹（第 53 页）3 组，每组动作重复 15 次

屈膝抓腿（第 161 页）3 组，每组动作重复 10 次。

4. 灵活性训练

拉伸 1~18（第 295~303 页）。

每个拉伸动作持续 5 次呼吸，完成 1 组。

第 2 周

完成 3 分钟引体向上武者挑战（第 152 页）。

上半身力量训练计划

1. 热身，15 分钟

所有身体固定的热身训练（*Training for Warriors* 的第 43~47 页），每组动作重复 10 次。

弹力带训练 22~43（第 142~151 页），每组动作重复 8 次。

2. 上半身力量训练

俯卧撑

柔道俯卧撑（第 133 页）2 组，每组动作重复 10 次。

交错抓握俯卧撑（第112页）2组，每组动作重复10次。

颈部训练

毛巾施力颈部等距用力低头和抬头（第60页）各3组，每组动作分别坚持5秒。

胸部训练

仰卧窄握推举（第235页）4组，每组动作重复8次。

双杠臂屈伸（第13页）3组，每组动作重复8次。

背部训练

正手引体向上（第14页）3组，每组动作重复8次。

单臂握哑铃划船（第21页）2组，每组动作重复8次。

手臂训练

单臂持杠铃弯举（第98页）3组，每组动作重复10次。

手握哑铃肱三头肌后举（第24页）3组，每组动作重复8次。

3. 核心力量训练

悬体交替收腹抬腿（第49页）3组，每组动作重复16次。

板上仰卧卷腹交替出拳（第58页）3组，每组动作重复16次。

悬体双腿剪踢（第50页）3组，每组动作重复10次。

4. 灵活性训练

拉伸14~23（*Training for Warriors* 中的第17章），1组重复5次吸气/呼气。

飓风训练计划

1. 热身，25分钟

所有身体固定的热身训练（*Training for Warriors* 的第43~47页）2组，每组动作重复10次。

所有身体移动的热身训练（*Training for Warriors* 的第48~50页）2组，每组动作移动20码（约18米）。

所有激活肌肉的热身训练（*Training for Warriors* 的第51~58页）1组，每组动作重复8次（如果需要两侧同时完成，则需要交换另一侧）。

2. 心肺功能训练：弹力带专项训练

完成以下10个训练内容，每个训练内容重复8次。完成第1组训练后，休息1分30秒，接着再完成1组（第145~151页）。

屈臂至右侧

屈臂至左侧

屈臂至下颌

胸前平举

胸前飞行员

双手交替出拳

肱三头肌伸展

屈臂

前倾飞行员

单腿前拉

3. 飓风训练计划类别1

在跑步机速度为10英里/小时（约16.09千米/小时）、11英里/小时（约17.70千米/小时）、12英里/小时（约19.31千米/小时），10%斜坡的条件下，分别完成3组30秒跑步训练。完成每组动作后，心脏得到充分恢复，心率达到130次/分以下。

4. 灵活性训练

拉伸1~18（第295~303页）。每个拉伸动作持续5次呼吸，完成1组。

下半身力量训练计划

1. 热身，12分钟

所有泡沫轴练习19~25（第304~307页）。

所有身体固定的热身训练（*Training for Warriors* 的第43~47页）。

所有激活肌肉的热身训练（*Training for Warriors* 的第51~58页）。

2. 下半身力量训练

俯身硬拉（第95页）4组，每组动作重复8次。

早安式（第29页）4组，每组动作重复8次。

手握哑铃侧弓步（第23页）3组，每条腿完成8个重复动作。

持药球跨步跳（第120页）3组，每组动作重复8次。

3. 核心力量训练

冲刺仰卧起坐（第90页）3组，每组动作重复16次。

脚踏车（第55页）3组，每组动作重复16次。

屈膝划船（第161页）3组，每组动作重复10次。

4. 灵活性训练

拉伸1~18（第295~303页）。

每个拉伸动作持续5次呼吸，完成1组。

第3周

完成3分钟仰卧起坐武者挑战（第36页）。

上半身力量训练计划

1. 热身，15分钟

所有身体固定的热身训练

（*Training for Warriors* 的第 43~47 页），每组动作重复 10 次。

弹力带训练 22~43（第 142~151 页），每组动作重复 8 次。

2. 上半身力量训练

俯卧撑

伸膝俯卧撑（第 46 页）2 组，每组动作重复 10 次。

旋转俯卧撑（第 114 页）2 组，每组动作重复 10 次。

颈部训练

毛巾施力颈部等距用力低头和抬头（第 60 页）各 3 组，每组动作分别坚持 5 秒。

胸部训练

仰卧窄握推举（第 235 页）4 组，每组动作重复 8 次。

双杠臂屈伸（第 13 页）3 组，每组动作重复 8 次。

背部训练

悬体举腿引体向上（第 17 页）3 组，每组动作重复 8 次。

单臂握哑铃划船（第 21 页）2 组，每组动作重复 8 次。

手臂训练

单臂持杠铃弯举（第 98 页）3 组，每组动作重复 10 次。

卷腕器（第 100 页）3 组，每组动作重复 5 次。

持杠铃屈腕（第 27 页）2 组，每组动作重复 10 次。

持杠铃伸腕（第 27 页）2 组，每组动作重复 10 次。

3. 核心力量训练

板上仰卧卷腹交替出拳（第 58 页）3 组，每组动作重复 16 次。

悬体膝关节伸展（体侧）（第 48 页）3 组，每组动作重

复 10 次。

板上仰卧起坐持球推举（第 118 页）3 组，每组动作重复 12 次。

4. 灵活性训练

拉伸 14~23（*Training for Warriors* 中的第 17 章），1 组重复 5 次吸气／呼气。

飓风训练计划

1. 热身，25 分钟

所有身体固定的热身训练（*Training for Warriors* 的第 43~47 页）2 组，每组动作重复 10 次。

所有身体移动的热身训练（*Training for Warriors* 的第 48~50 页）2 组，每组动作移动 20 码（约 18 米）。

所有激活肌肉的热身训练（*Training for Warriors* 的第 51~58 页）1 组，每组动作重复 8 次（如果需要两侧同时完成，则需要交换另一侧）。

2. 心肺功能训练：弹力带专项训练

依次完成以下 10 个训练项目的训练，并重复做 8 组。每组训练项目之间休息 1 分 30 秒（第 142~147 页）。

双手拉弹力带经双腿至右侧
双手拉弹力带经双腿至左侧
双手拉弹力带至右侧
双手拉弹力带至左侧
双手拉弹力带至右肩
双手拉弹力带至左肩
后拉弹力带飞行员
交替后拉弹力带飞行员
双臂拉弹力带过头顶
弯腰划船（游泳）

3. 飓风训练计划类别 3

在跑步机速度为 10 英里／小时（约 16.09 千米／小时），10% 斜坡的条件下，完成 3 组 20 秒跑步训练。同时每组冲刺结束后，完成 20 次登山者（窄）（第 71 页）和 10 次双手持单只壶铃摆动（第 203 页）。

在跑步机速度为 11 英里／小时（约 17.70 千米／小时），10% 斜坡的条件下，完成 3 组 20 秒跑步训练。同时每组冲刺结束后，完成 20 次按药球跨大步登山姿势（第 121 页）和 10 次分腿双臂挺举（第 205 页）。

在跑步机速度为 11.5 英里／小时（约 18.51 千米／小时），10% 斜坡的条件下，完成 3 组 20 秒跑步训练。同时每组冲刺结束后，完成 15 次按药球收腹跳（第 121 页）和每只手 8 次持壶铃单臂上摆（第 202 页）。

4. 灵活性训练

拉伸 1~18（第 295~303 页）。

每个拉伸动作持续 5 次呼吸，完成 1 组。

下半身力量训练计划

1. 热身，12 分钟

所有泡沫轴练习 19~25（第 304~307 页）。

所有身体固定的热身训练（*Training for Warriors* 的第 43~47 页）。

所有激活肌肉的热身训练（*Training for Warriors* 的第 51~58 页）。

2. 下半身力量训练

俯身硬拉（第 95 页）5 组，

每组动作重复 7 次。

早安式（第 29 页）4 组，每组动作重复 8 次。

肩扛杠铃前弓步（第 22 页）3 组，每条腿完成 6 个重复动作。

手持哑铃摆动（第 19 页）3 组，每组动作重复 10 次。

3. 核心力量训练

脚踏车（第 55 页）3 组，每组动作重复 16 次。

直腿脚踏车（第 75 页）3 组，每组动作重复 16 次。

屈膝双肩外旋（第 162 页）3 组，每组动作重复 15 次。

4. 灵活性训练

拉伸 1~18（第 295~303 页）。每个拉伸动作持续 5 次呼吸，完成 1 组。

第 4 周

完成 2 分钟地板翻转武者挑战（第 102 页）。

上半身力量训练计划

1. 热身，15 分钟

所有身体固定的热身训练（*Training for Warriors* 的第 43~47 页），每组动作重复 10 次。

弹力带训练 22~43（第 142~151 页），每组动作重复 8 次。

2. 上半身力量训练

俯卧撑

膝关节反向伸展俯卧撑（第 47 页）2 组，每组动作重复 10 次。

伸膝俯卧撑（第 46 页）2 组，每组动作重复 10 次。

颈部训练

毛巾施力颈部等距用力低头和抬头（第 60 页）各 3 组，每组动作分别坚持 5 秒。

胸部训练

仰卧窄握推举（第 235 页）4 组，每组动作重复 8 次。

持哑铃肱三头肌滚展（第 99 页）5 组，每组动作重复 8 次。

背部训练

悬体举腿引体向上（第 17 页）3 组，每组动作重复 8 次。每个拉伸动作持续 5 次呼吸，完成 1 组。

下半身力量训练计划

1. 热身，12 分钟

所有泡沫轴练习 19~25（第 304~307 页）。

所有身体固定的热身训练（*Training for Warriors* 的第 43~47 页）。

所有激活肌肉的热身训练（*Training for Warriors* 的第 51~58 页）。

2. 下半身力量训练

俯身硬拉（第 95 页）5 组，每组动作重复 7 次。

早安式（第 29 页）4 组，每组动作重复 8 次。

肩扛杠铃前弓步（第 22 页）3 组，每条腿完成 6 个重复动作。

手持哑铃摆动（第 19 页）3 组，每组动作重复 10 次。

3. 核心力量训练

脚踏车（第 55 页）3 组，每组动作重复 16 次。

直腿脚踏车（第 75 页）3 组，每组动作重复 16 次。

屈膝双肩外旋（第 162 页）3 组，每组动作重复 15 次。

4. 灵活性训练

拉伸 1~18（第 295~303 页）。每个拉伸动作持续 5 次呼吸，完成 1 组。

第 5 周

完成 2 分钟地板翻转武者挑战（第 102 页）。

上半身力量训练计划

1. 热身，15 分钟

所有身体固定的热身训练（*Training for Warriors* 的第 43~47 页），每组动作重复 10 次。

弹力带训练 22~43（第 142~151 页），每组动作重复 8 次。

2. 上半身力量训练

俯卧撑

膝关节反向伸展俯卧撑

（第 47 页）2 组，每组动作重复 10 次。

伸膝俯卧撑（第 46 页）2 组，每组动作重复 10 次。

颈部训练

毛巾施力颈部等距用力低头和抬头（第 60 页）各 3 组，每组动作分别坚持 5 秒。

胸部训练

仰卧窄握推举（第 235 页）4 组，每组动作重复 8 次。

持哑铃肱三头肌滚展（第 99 页）5 组，每组动作重复 8 次。

背部训练

悬体举腿引体向上（第 17 页）3 组，每组动作重复 8 次。

单臂握哑铃划船（第 21 页）2 组，每组动作重复 8 次。

手臂训练

杠铃弯举（第 26 页）3 组，每组动作重复 10 次。

卷腕器（第 100 页）3 组，每组动作重复 5 次。

持杠铃屈腕（第 27 页）2 组，每组动作重复 10 次。

持杠铃伸腕（第 27 页）2 组，每组动作重复 10 次。

3. 核心力量训练

悬体膝关节伸展（体前）（第 48 页）3 组，每组动作重复 12 次。

板上仰卧起坐（第 57 页）3 组，每组动作重复 15 次。

悬体收腹抬腿转体（第 50 页）3 组，每组动作重复 8 次。

4. 灵活性训练

拉伸 14~23（*Training for Warriors* 中的第 17 章），1 组重复 5 次吸气 / 呼气。

飓风训练计划

1. 热身，25 分钟

所有身体固定的热身训练（*Training for Warriors* 的第 43~47 页）2 组，每组动作重复 10 次。

所有身体移动的热身训练（*Training for Warriors* 的第 48~50 页）2 组，每组动作移动 20 码（约 18 米）。

所有激活肌肉的热身训练（*Training for Warriors* 的第 51~58 页）1 组，每组动作重复 8 次（如果需要两侧同时完成，则需要交换另一侧）。

2. 心肺功能训练：弹力带专项训练

完成以下 10 个训练内容，每个训练内容重复 8 次。完成第 1 组训练后，休息 1 分 30 秒，接着再完成 1 组（第 145~151 页）。

屈臂至右侧

屈臂至左侧

屈臂至下颌

胸前平举

胸前飞行员

双手交替出拳

肱三头肌伸展

屈臂

前倾飞行员

单腿前拉

3. 飓风训练计划类别 4

在跑步机速度为 9.5 英里 / 小时（约 15.29 千米 / 小时）、10 英里 / 小时（约 16.09 千米 / 小时）以及 10.5 英里 / 小时（约 16.90 千米 / 小时），10% 斜坡的条件下，完成 3 组 30 秒跑步训练。同时每组冲刺结束后，完成 12 次仰卧窄握推举（第 235 页），

以及 10 次肱二头肌弯举和推举（第 19 页）。

在跑步机速度为 10.5 英里 / 小时（约 16.90 千米 / 小时）、11 英里 / 小时（约 17.70 千米 / 小时）以及 11.5 英里 / 小时（约 18.51 千米 / 小时），10% 斜坡的条件下，完成 3 组 30 秒跑步训练。同时每组冲刺结束后，完成 10 次手握杠铃法式卧推（第 26 页），以及 10 次正手引体向上（第 14 页）。

在跑步机速度为 11.5 英里 / 小时（约 18.51 千米 / 小时）、12 英里 / 小时（约 19.31 千米 / 小时）以及 12.5 英里 / 小时（约 20.12 千米 / 小时），10% 斜坡的条件下，完成 3 组 30 秒跑步训练。同时每组冲刺结束后，完成 10 次俯身挺举杠铃至肩（第 96 页）。

4. 灵活性训练

拉伸 1~18（第 295~303 页）。

每个拉伸动作持续 5 次呼吸，完成 1 组。

下半身力量训练计划

1. 热身，12 分钟

所有泡沫轴练习 19~25（第 304~307 页）。

所有身体固定的热身训练（*Training for Warriors* 的第 43~47 页）。

所有激活肌肉的热身训练（*Training for Warriors* 的第 51~58 页）。

2. 下半身力量训练

俯身硬拉（第 95 页）5 组，每组动作重复 7 次。

早安式（第 29 页）4 组，每组动作重复 8 次。

肩杠杠铃前弓步（第 22 页）

3组，每条腿完成6个重复动作。

手持哑铃摆动（第19页）3组，每组动作重复10次。

3. 核心力量训练

脚踏车（第55页）3组，每组动作重复16次。

直腿脚踏车（第75页）3组，每组动作重复16次。

屈膝双肩外旋（第162页）3组，每组动作重复15次。

4. 灵活性训练

拉伸1~18（第295~303页）。

每个拉伸动作持续5次呼吸，完成1组。

第6周

完成3分钟悬体臂屈伸武者挑战（第218页）。

上半身力量训练计划

1. 热身，15分钟

所有身体固定的热身训练（*Training for Warriors*的第43~47页），每个动作重复10次。

弹力带训练22~43（第142~151页），每个动作重复8次。

2. 上半身力量训练

俯卧撑

三角形俯卧撑（第169页）2组，每组动作重复10次。

内股俯卧撑（第132页）2组，每组动作重复10次。

颈部训练

头悬重物颈部屈曲和伸展（第61页）2组，每组动作重复10次。

头悬重物颈部旋转（第61页）2组，每组动作重复8次。

胸部训练

仰卧窄握推举（第235页）4组，每组动作重复8次。

持哑铃肱三头肌滚展（第99页）5组，每组动作重复8次。

背部训练

正手引体向上（第14页）3组，每组动作重复8次。

肩部训练

古巴式推举（第122页）3组，每组动作重复6次。

仰卧持哑铃肩关节外旋（第118页）2组，每组动作重复10次。

手臂训练

杠铃弯举（第26页）3组，每组动作重复10次。

卷腕器（第100页）3组，每组动作重复5次。

持杠铃屈腕（第27页）2组，每组动作重复10次。

持杠铃伸腕（第27页）2组，每组动作重复10次。

3. 核心力量训练

板上持重物俄罗斯转体（第59页）3组，每侧动作重复8次。

翻身上杠（第17页）3组，每组动作重复10次。

板上举髋（第59页）3组，每组动作重复15次。

4. 灵活性训练

拉伸14~23（*Training for Warriors*中的第17章），1组重复5次吸气/呼气。

飓风训练计划

1. 热身，25分钟

所有身体固定的热身训练（*Training for Warriors*的第43~47页）2组，每组动作重复10次。

所有身体移动的热身训练（*Training for Warriors*的第48~50页）2组，每组动作移动20码（约18米）。

所有激活肌肉的热身训练（*Training for Warriors*的第51~58页）1组，每组动作重复8次（如果需要两侧同时完成，则需要交换另一侧）。

2. 心肺功能训练：弹力带专项训练

完成以下10个训练内容，每个训练内容重复8次。完成第1组训练后，休息1分30秒，接着再完成1组（第142~147页）。

双手拉弹力带经双腿至右侧

双手拉弹力带经双腿至左侧

双手拉弹力带至右侧

双手拉弹力带至左侧

双手拉弹力带至右肩

双手拉弹力带至左肩

后拉弹力带飞行员

交替后拉弹力带飞行员

双臂拉弹力带过头顶

弯腰划船（游泳）

3. 飓风训练计划类别5

在跑步机速度为11英里/小时（约17.70千米/小时），10%斜坡的条件下，完成3组30秒跑步训练。同时每组冲刺结束后，完成8次背同伴起立（第79页）。

在跑步机速度为12英里/小时（约19.31千米/小时），10%斜坡的条件下，完成3组30秒跑步训练。同时每组冲刺结束后，完成10次同伴龟式抱身（鱼跃）（第134页），以及10次绕同伴空翻（第79页）。

在跑步机速度为 13 英里 / 小时（约 20.92 千米 / 小时）、10% 斜坡的条件下，完成 3 组 30 秒跑步训练。同时每组冲刺结束后，完成 12 次抱同伴下蹲（第 77 页）。

4. 灵活性训练

拉伸 1~18（第 295~303 页）。

每个拉伸动作持续 5 次呼吸，完成 1 组。

下半身力量训练计划

1. 热身，12 分钟

所有泡沫轴练习 19~25（第 304~307 页）。

所有身体固定的热身训练（*Training for Warriors* 的第 43~47 页）。

所有激活肌肉的热身训练（*Training for Warriors* 的第 51~58 页）。

2. 下半身力量训练

俯身高拉（第 95 页）5 组，每组动作重复 7 次。

持药球下蹲后推举（第 119 页）4 组，每组动作重复 8 次。

持哑铃俯身弓步走（第 91 页）3 组，每条腿走 8 步。

持哑铃土耳其式仰卧起坐（第 93 页）3 组，每组动作重复 10 次。

3. 核心力量训练

仰卧起坐出拳（第 115 页）3 组，每组动作重复 16 次。

腿放低（第 163 页）3 组，每组动作重复 10 次。

屈膝抓腿（第 161 页）3 组，每组动作重复 20 次。

4. 灵活性训练

拉伸 1~18（第 295~303 页）。

每个拉伸动作持续 5 次呼吸，完成 1 组。

第 7 周

完成 3 分钟出拳武者挑战（第 124 页）。

上半身力量训练计划

1. 热身，15 分钟

所有身体固定的热身训练（*Training for Warriors* 的第 43~47 页），每组动作重复 10 次。

弹力带训练 22~43（第 142~151 页），每组动作重复 8 次。

2. 上半身力量训练

俯卧撑

提臀俯卧撑（第 170 页）2 组，每组动作重复 10 次。

侧移俯卧撑（第 169 页）2 组，每组动作重复 10 次。

颈部训练

头悬重物颈部屈曲和伸展（第 61 页）2 组，每组动作重复 10 次。

头悬重物颈部旋转（第 61 页）2 组，每组动作重复 8 次。

胸部训练

仰卧反握推举（第 235 页）4 组，每组动作重复 8 次。

双杠臂屈伸（第 13 页）5 组，每组动作重复 8 次。

背部训练

三角形引体向上（第 14 页）3 组，每组动作重复 8 次。

肩部训练

古巴式推举（第 122 页）3 组，每组动作重复 6 次。

仰卧持哑铃肩关节外旋（第 118 页）2 组，每组动作重复 10 次。

手握哑铃侧平举（第 23 页）2 组，每只手臂动作重复 10 次。

手臂训练

杠铃弯举（第 26 页）3 组，每组动作重复 10 次。

3. 核心力量训练

仰卧举杠铃扭体（第 173 页）3 组，每组动作重复 8 次。

摆体引体向上（第 16 页）3 组，每个方向完成 6 次。

单手持哑铃土耳其式仰卧起坐（第 90 页）3 组，每个方向完成 15 次。

4. 灵活性训练

拉伸 14~23（*Training for Warriors* 中的第 17 章），1 组重复 5 次吸气 / 呼气。

飓风训练计划

1. 热身，25 分钟

所有身体固定的热身训练（*Training for Warriors* 的第 43~47 页）2 组，每组动作重复 10 次。

所有身体移动的热身训练（*Training for Warriors* 的第 48~50 页）2 组，每组动作移动 20 码（约 18 米）。

所有激活肌肉的热身训练（*Training for Warriors* 的第 51~58 页）1 组，每组动作重复 8 次（如果需要两侧同时完成，则需要交替另一侧）。

2. 心肺功能训练：弹力带专项训练

完成以下 10 个训练内容，每个训练内容重复 8 次。完成第 1 组训练后，休息 1 分 30 秒，接着再完成 1 组（第 145~151 页）。

屈臂至右侧

屈臂至左侧

屈臂至下颌

胸前平举

胸前飞行员

双手交替出拳

肱三头肌伸展

屈臂

前倾飞行员

单腿前拉

3. 飓风训练计划类别 4

在跑步机速度为 9.5 英里 / 小时（约 15.29 千米 / 小时）、10 英里 / 小时（约 16.09 千米 / 小时）以及 10.5 英里 / 小时（约 16.90 千米 / 小时），10% 斜坡的条件下，完成 3 组 30 秒跑步训练。同时每组冲刺结束后，完成 12 次双杠臂屈伸（第 13 页），以及 10 次单臂持杠铃弯举（第 98 页）。

在跑步机速度为 10.5 英里 / 小时（约 16.90 千米 / 小时）、11 英里 / 小时（约 17.70 千米 / 小时）以及 11.5 英里 / 小时（约 18.51 千米 / 小时），10% 斜坡的条件下，完成 3 组 30 秒跑步训练。同时每组冲刺结束后，完成 10 次肱三头肌臂屈伸（第 20 页），以及 10 次屈臂引体向上（第 15 页）。

在跑步机速度为 12 英里 / 小时（约 19.31 千米 / 小时）、12.5 英里 / 小时（约 20.12 千米 / 小时）以及 13 英里 / 小时（约 20.92 千米 / 小时），10% 斜坡的条件下，完成 3 组 20 秒跑步训练。同时每组冲刺结束后，完成 10 次俯身高拉（第 95 页）。

4. 灵活性训练

拉伸 1~18（第 295~303 页）。每个拉伸动作持续 5 次呼

吸，完成 1 组。

下半身力量训练计划

1. 热身，12 分钟

所有泡沫轴练习 19~25（第 304~307 页）。

所有身体固定的热身训练（*Training for Warriors* 的第 43~47 页）。

所有激活肌肉的热身训练（*Training for Warriors* 的第 51~58 页）。

2. 下半身力量训练

俯身高拉（第 95 页）4 组，每组动作重复 8 次。

持药球下蹲后推举（第 119 页）4 组，每组动作重复 8 次。

持哑铃俯身弓步走（第 91 页）3 组，每条腿重复 8 步。

举哑铃至肩然后下蹲（第 93 页）3 组，每组动作重复 5 次。

3. 核心力量训练

收腹抬腿出拳（第 116 页）3 组，每组动作重复 16 次。

腿放低（第 163 页）3 组，每组动作重复 10 次。

屈膝抓腿（第 161 页）3 组，每组动作重复 20 次。

4. 灵活性训练

拉伸 1~18（第 295~303 页）。每个拉伸动作持续 5 次呼吸，完成 1 组。

第 8 周

完成 1 分钟踢腿武者挑战（第 62 页）。

上半身力量训练计划

1. 热身，15 分钟

所有身体固定的热身训练

（*Training for Warriors* 的第 43~47 页），每组动作重复 10 次。

弹力带训练 22~43（第 142~151 页），每组动作重复 8 次。

2. 上半身力量训练

俯卧撑

弯腰俯卧撑（第 113 页）2 组，每组动作重复 10 次。

拍髋俯卧撑（第 168 页）2 组，每组动作重复 20 次。

颈部训练

头悬重物颈部屈曲和伸展（第 61 页）2 组，每组动作重复 10 次。

头悬重物颈部旋转（第 61 页）2 组，每组动作重复 8 次。

胸部训练

仰卧反握推举（第 235 页）4 组，每组动作重复 8 次。

手握杠铃法式卧推（第 26 页）3 组，每组动作重复 8 次。

背部训练

引体向上伸单臂（第 88 页）3 组，每只手臂动作重复 5 次。

肩部训练

单臂持杠铃推举（第 98 页）3 组，每组动作重复 6 次。

手握哑铃前平举（第 23 页）2 组，每只手臂动作重复 10 次。

手握哑铃侧平举（第 23 页）2 组，每只手臂动作重复 10 次。

手臂训练

杠铃弯举（第 26 页）3 组，每组动作重复 10 次。

3. 核心力量训练

仰卧举杠铃扭体（第 173 页）3 组，每组动作重复 8 次。

悬身收腹横摆（第 89 页）3 组，每组动作重复 6 次。

举杠铃仰卧起坐（第 174 页）3 组，每组动作重复 15 次。

4. 灵活性训练

拉伸 14~23（*Training for Warriors* 中的第 17 章），1 组重复 5 次吸气／呼气。

飓风训练计划

1. 热身，25 分钟

所有身体固定的热身训练（*Training for Warriors* 的第 43~48 页）2 组，每组动作重复 10 次。

所有身体移动的热身训练（*Training for Warriors* 的第 48~50 页）2 组，每组动作移动 20 码（约 18 米）。

所有激活肌肉的热身训练（*Training for Warriors* 的第 51~58 页）1 组，每组动作重复 8 次（如果需要两侧同时完成，则需要交换另一侧）。

2. 心肺训练：弹力带专项训练

完成以下 10 个训练内容，每个训练内容重复 8 次。完成第 1 组训练后，休息 1 分 30 秒，接着再完成 1 组（第 142~147 页）。

双手拉弹力带经双腿至右侧
双手拉弹力带经双腿至左侧
双手拉弹力带至右侧
双手拉弹力带至左侧
双手拉弹力带至右肩
双手拉弹力带至左肩
后拉弹力带飞行员
交替后拉弹力带飞行员
双臂拉弹力带过头顶
弯腰划船（游泳）

3. 飓风训练计划类别 3

在跑步机速度为 10 英里／小时（约 16.09 千米／小时），10% 斜坡的条件下，完成 3 组 20 秒跑步训练。同时每组冲刺结束后，完成 20 次登山者（宽）（第 71 页）和 10 次双手持单只壶铃摆动（第 203 页）。

在跑步机速度为 11 英里／小时（约 17.70 千米／小时），10% 斜坡的条件下，完成 3 组 20 秒跑步训练。同时每组冲刺结束后，完成 20 次按药球跨大步登山姿势（第 121 页）和 10 次分腿双臂挺举（第 205 页）。

在跑步机速度为 11.5 英里／小时（约 18.51 千米／小时），10% 斜坡的条件下，完成 3 组 20 秒跑步训练。同时每组冲刺结束后，完成 15 次按药球收腹跳（第 121 页）和每只手 8 次持壶铃单臂上摆（第 202 页）。

4. 灵活性训练

拉伸 1~18（第 295~303 页）。每个拉伸动作持续 5 次呼吸，完成 1 组。

下半身力量训练计划

1. 热身，12 分钟

所有泡沫轴练习 19~25（第 304~307 页）。

所有身体固定的热身训练（*Training for Warriors* 的第 43~47 页）。

所有激活肌肉的热身训练（*Training for Warriors* 的第 51~58 页）。

2. 下半身力量训练

俯卧高拉（第 95 页）4 组，每组动作重复 8 次。

持药球下蹲后推举（第 119 页）4 组，每组动作重复 8 次。

持杠铃泽奇弓步（第 97 页）3 组，每条腿重复 8 次。

单腿蹬 BOSU 球跳起（第 177 页）3 组，每条腿重复 8 次。

3. 核心力量训练

收腹抬腿出拳（第 116 页）3 组，每组动作重复 16 次。

收腹抬腿（第 166 页）3 组，每组动作重复 15 次。

屈膝抓腿（第 161 页）3 组，每组动作重复 20 次。

4. 灵活性训练

拉伸 1~18（第 295~303 页）。每个拉伸动作持续 5 次呼吸，完成 1 组。

第 9 周

4 项自重训练综合武者挑战（第 260 页）。

上半身力量训练计划

1. 热身，15 分钟

所有身体固定的热身训练（*Training for Warriors* 的第 43~47 页）组，每组动作重复 10 次。

弹力带训练 22~43（第 142~151 页），每组动作重复 8 次。

2. 上半身力量训练

俯卧撑

踢腿俯卧撑（第 46 页）2 组，每组动作重复 10 次。

蝎式俯卧撑（第 132 页）2 组，每只手重复 10 次。

颈部训练

头悬重物颈部屈曲和伸展（第 61 页）2 组，每组动作重复 10 次。

头悬重物颈部旋转（第 61 页）2 组，每组动作重复 8 次。

胸部训练

仰卧反握推举（第235页）4组，每组动作重复8次。

手握杠铃法式卧推（第26页）3组，每组动作重复8次。

背部训练

引体向上伸单臂（第88页）3组，每组动作重复5次。

肩部训练

单臂持杠铃推举（第98页）3组，每组动作重复6次。

手握哑铃前平举（第23页）2组，每只手臂动作重复10次。

手握哑铃侧平举（第23页）2组，每只手臂动作重复10次。

手臂训练

杠铃弯举（第26页）3组，每组动作重复10次。

3. 核心力量训练

倚瑞士球举杠铃扭体（第174页）3组，每侧重复8次。

悬体双腿剪踢（第50页）3组，每组动作重复15次。

单手持哑铃土耳其式仰卧起坐（第90页）3组，每组动作重复10次。

4. 灵活性训练

拉伸14~23（*Training for Warriors* 中的第17章），1组重复5次吸气／呼气。

飓风训练计划

1. 热身，25分钟

所有身体固定的热身训练（*Training for Warriors* 的第43~47页）2组，每组动作重复10次。

所有身体移动的热身训练（*Training for Warriors* 的第48~50页）2组，每组动作移动20码

（约18米）。

所有激活肌肉的热身训练（*Training for Warriors* 的第51~58页）1组，每组动作重复8次（如果需要两侧同时完成，则需要交换另一侧）。

2. 心肺功能训练：弹力带专项训练

完成以下10个训练内容，每个训练内容重复8次。完成第1组训练后，休息1分30秒，接着再完成1组（第145~151页）。

屈臂至右侧

屈臂至左侧

屈臂至下颌

胸前平举

胸前飞行员

双手交替出拳

肱三头肌伸展

屈臂

前倾飞行员

单腿前拉

3. 飓风训练计划类别3

在跑步机速度为10英里／小时（约16.09千米／小时），10%斜坡的条件下，完成3组25秒跑步训练。同时每组冲刺结束后，完成20次登山者（窄）（第71页）和10次双手持单只壶铃摆动（第203页）。

在跑步机速度为11英里／小时（约17.70千米／小时），10%斜坡的条件下，完成3组20秒跑步训练。同时每组冲刺结束后，完成20次按药球跨大步登山姿势（第121页）和每只手10次持壶铃双臂交替弯举至肩（第204页）。

在跑步机速度为12英里／小时（约19.31千米／小时），

10%斜坡的条件下，完成3组20秒跑步训练。同时每组冲刺结束后，完成15次按药球收腹跳（第121页）和每只手6次单臂抓举（第206页）。

4. 灵活性训练

拉伸1~18（第295~303页）。

每个拉伸动作持续5次呼吸，完成1组。

下半身力量训练计划

1. 热身，12分钟

所有泡沫轴练习19~25（第304~307页）。

所有身体固定的热身训练（*Training for Warriors* 的第43~47页）。

所有激活肌肉的热身训练（*Training for Warriors* 的第51~58页）。

2. 下半身力量训练

俯身高拉（第95页）4组，每组动作重复8次。

持药球下蹲后推举（第119页）4组，每组动作重复8次。

持杠铃泽奇弓步（第97页）3组，每条腿重复8次。

单腿蹬BOSU球跳起（第177页）3组，每条腿重复8次。

3. 核心力量训练

伸手收腹（第166页）3组，每组动作重复15次。

侧向转体收腹（第160页）2组，每侧重复10次。

提髋收腹（第164页）3组，每组动作重复20次。

4. 灵活性训练

拉伸1~18（第295~303页）。

每个拉伸动作持续5次呼吸，完成1组。

马丁对罗格斯大学的年轻摔跤选手讲话。

20 条训练指导原则

在本书中，我试图向读者介绍不同格斗技术的大量哲理和格言。除讲述身体和技术训练内容之外，本书还旨在使读者深入了解格斗技术对个体发展和提高能力的作用。我在过去 10 年开发武者训练体系时，发现我自己的这套体系与众不同，我相信其已帮助了成千上万的运动员，让他们变得更加强壮、更加有战斗力。根据本书中的一些格斗家的经验，我自己整理出 20 条训练指导原则，其被称为马丁·鲁尼武者训练指导原则，并希望能带给本书的读者一些启示。

（1）武者绝不能因自己的身体原因导致战败。

（2）武者自己是最好的资本。

（3）武者必须始终保持初学者的心态，意识到自己了解的事物远少于不了解的事物。

（4）武者的工作就是尽力而为。如果自己能这样进行训练，赢得的胜利就会比任何裁判能给予的胜利多。

（5）武者应知道成功之路永远不与阻力最小的道路相交。

（6）武者应知道纪律和毅力是自己能够掌握的最重要的武器。

（7）武者应理解生命在于累积，故不轻率行动。

（8）武者应专注于过程，而非结果。尽管以成败论英雄，但过程造就人。

（9）武者无法决定事情成败，但不将希望寄托于他人、他物，而只是始终如一地行动。

（10）武者必须自我质疑，才能理解自己。如果武者不了解自己的立场，就很容易失败。

（11）武者应听从自己的身体。身体不仅是最重要的载体，如果武者学会正确提问，身体也会给予武者他正在寻找的答案。

（12）武者不能急于求成，训练是一种长期的生活方式。

（13）武者必须进行最严厉的自我批评，同时必须对他人的建议和批评持开放态度。

（14）武者必须明白，努力并不总如聪明一样有价值。

（15）武者应知晓，无论曾在生命中做过何事，人生就应承担责任。

（16）武者的食物就是自己最好的药。没有健康，什么都没有。

（17）武者要正视恢复，明白这是适应压力的阶段。

（18）武者应知道，在对别人诚实之前，首先必须自我诚实。

（19）武者应知道，良好的习惯最终决定命运。摒弃不良习惯也是一个良好的开端。

（20）武者须认识到犯同样的错误才是最大的错误。

武者挑战评分表

武者挑战	武者水平									
	1	2	3	4	5	6	7	8	9	10
4分钟俯卧撑	25	35	45	55	70	85	100	110	120	130
3分钟引体向上	15	20	25	30	35	40	45	50	55	60
3分钟悬体臂屈伸	20	25	35	45	55	65	75	80	85	90
1分钟俯卧撑、引体向上、仰卧起坐、悬体臂屈伸	70	80	95	110	125	140	155	170	185	200
3分钟仰卧起坐	50	65	80	95	110	120	130	140	150	160
2分钟地板翻转	50	60	70	80	90	100	110	120	135	150
1分钟踢腿	23	25	27	30	35	40	45	50	55	60
3分钟出拳	200	300	400	500	600	700	750	800	850	900

负重占体重比例（%）									
卧推	15	30	60	80	100	120	140	150	160+
硬拉	30	70	100	140	170	200	230	260	300+
引体向上	5	10	20	30	40	55	70	85	100+

关于作者

马丁·鲁尼（Martin Rooney），物理治疗师，美国国家体能协会认证体能训练专家。

马丁是国际公认的健身专家和格斗家，拥有健康学硕士学位、南卡罗来纳医科大学物理治疗学学士学位和弗曼大学运动学学士学位。他是1995年至1997年、2000年美国雪橇国家队成员，并且在弗曼大学4次入选最佳阵容，拥有着最有价值运动员（Most Valuable Player，MVP）级别的表现。目前他在终极格斗冠军赛老将里卡多·阿尔梅达（Ricardo Almeida）的指导下，获得了巴西柔术的紫色腰带；在8级黑腰带所有者松村阳一郎（Yoichiro Matsumura）和奥运会选手泰莫克·约翰斯顿（Teimoc Johnston-Ono）的指导下，获得了讲道馆柔道黑腰带。他还在伦佐·格雷西泰拳训练馆（Renzo Gracie Muay Thai）的乔·桑普里（Joe Sampieri）的指导下训练泰拳，并在艾伦·特奥（Alan Teo）的指导下获得了截拳道的执教资格。马丁是伦佐·格雷西队的体能教练，担任纽约喷气机队和纽约巨人队的格斗技术教练，也是 Gracie Magazine 的编委会成员。

目前，马丁是帕里西速度学校的首席运营官，该学校在美国拥有50多家特许经营机构。马丁在职业生涯中已经训练了数千人，其中包括终极格斗冠军赛选手和奥运奖牌获得者、数百名专业运动员和大学运动员。他还制定了一项美国职业橄榄球联盟的顶级联合训练计划。超过125名马丁训练过的运动员已入选美国职业橄榄球联盟，其中包括2008年总体排名第二的选手克里斯·朗（Chris Long）。

马丁定期在世界各地为某些大学和体育组织讲授健身、领导力及团队合作的知识。

马丁是 *Train to Win* 和 *Training for Warriors* 这两本书的作者。他和妻子阿曼达（Amanda）以及他们的 3 个女儿索菲亚（Sofia）、克里斯蒂娜（Kristina）和凯拉（Keira）住在新泽西州的费尔劳恩。

卢卡斯·诺南，摄影师

卢卡斯·诺南（Lucas Noonan）是一位颇有造诣的体育摄影师，曾在多种体育和健身杂志上发表过作品，如 *Men's Health*、*Men's Fitness*、*Gracie Magazine of Brazil* 和 *Gong Magzine*。除了文中所提的国家外，他还在法国、意大利、爱尔兰、瑞典和西班牙进行过拍摄。卢卡斯·诺南曾为国际格斗联盟、Elite XC 以及在美国举办的数十场泰拳和拳击比赛拍摄照片。卢卡斯·诺南还是伦佐·格雷西泰拳训练馆的教练、前金手套拳击选手，曾在加利福尼亚好莱坞的 Wild Card 拳击俱乐部直接接受弗雷迪·罗奇（Freddie Roach）的训练指导。

卢卡斯·诺南现居住在纽约。

致谢

虽然我希望读者喜欢这本书已呈现的内容、照片和训练，但是这本书还有许多不为人知的东西。我在过去 10 年中常常为了追逐我的梦想而与别人背道而驰，这本书最终代表了撰写此书期间我联系的每一个人。感谢帮助我完成此书的所有人，我认为这部分内容也许是本书最有意义的内容。尽管某些人可能只是快速地浏览一下这份名单，但对我来说，这份名单使我认识到我今天的平凡。

我在撰写此书期间意识到了一个事实：没有人能够独自完成它。回想起来，我用了近 2 年的时间进行研究，在 7 个不同的国家度过了 60 多天，进行练习和体验，期待赋予此书应有的真实性。如果没有以下人员的帮助，此书就不会引人入胜。在我到访过的每个国家，人们都帮助我，让我进入健身房和家园。我对人们的慷慨帮助感到惊讶，无论是新鲜的餐饮、搭车、额外多训练一小时、完美的行程规划，还是仅占用一整天（有时是一周）的时间。这让我想起了古老的格言"分享使每个人受益"。

巴西

感谢费尔南多（Fernando）和帕特里夏·阿尔梅达（Patricia Almeida）的热情好客。我们不仅填饱了肚子，还感觉像在家里一样。没有好朋友罗尔斯·格雷西（Rolles Gracie）、伊戈尔·格雷西（Igor Gracie）、格雷戈尔·格雷西（Gregor Gracie）、凯拉·格雷西（Kyra Gracie）和弗拉维奥·阿尔梅达（Flavio Almeida）的帮助，就没有这些照片。我还想了解巴西婚礼是否如我所闻的那样精彩。特别感谢以下人员：感谢利奥·莱特（Leo Leite）建议在 Devil's Beach 拍摄照片，感谢戈尔多·科雷亚（Gordo Correa）与我们分享几个练习，感谢自然操（Ginastica Natural）的创始人阿尔瓦罗·罗马诺（Alvaro Romano）让我们在里约热内卢体验他的训练方法，感谢格雷西·巴哈（Gracie Barra）带我们来到巴西柔术的圣地，与大师一起训练。

艾奥瓦大学

感谢老朋友尼克·弗克特（Nik Fekete），他现在是一名综合格斗选手，他帮助我制定了可以说是具有历史意义的摔跤计划。特别感谢摔跤主教练汤姆·布兰兹（Tom Brands）和力量教练贾里德·弗拉耶（Jared Frayer）允许我们进行拍摄，并与我们共度时光，分享艾奥瓦大学摔跤的历史和遗产。

罗格斯大学

感谢主教练斯科特·古德尔（Scott Goodale），让我有机会在2009赛季的休赛期用训练武者的系统训练罗格斯大学的摔跤队。这不仅让运动员们接受了最艰苦的训练，也让我在训练期间受益匪浅。感谢教练和终极格斗选手弗兰基·埃德加（Frankie Edgar）让我亲临团队现场，感谢助理教练约翰·莱昂纳尔迪斯（John Leonardis）和布兰登·贝克尔（Brandon Becker）让我参与训练。感

谢整个团队在训练期间全力以赴，在赛季以20胜7负的成绩创造了该大学有史以来的最佳纪录。特别感谢马特·普莱彻（Matt Pletcher）、丹·格林沃尔德（Dan Greenwald）、斯科特·温斯顿（Scott Winston）、丹·佩多内（Dan Pedone）、麦卡保罗·奥邦纳（McPaul Ogbonna）和马特·里高格里奥索（Matt Rigoglioso），感谢他们提供的训练方法和照片。

日本

我必须感谢荒木（Nobuyoshi）和东村里美（Satomi Higashi）制定了我所经历的最详细和最大胆的旅程，其精确度已达分钟。没有他们的儿子，2007年美国国家柔道冠军东芝真太郎（Shintaro Higashi）的领导能力以及翻译能力，就不会有此次行程。感谢国士馆高中允许我们像住宿的运动员一样住宿和生活，并接待我们，让我们每天参加多项训练课程。感谢国士馆的春山雪（Yuki Haruyama）和小林佑介（Yusuke Kobayashi）对练习和拍摄照片的帮助。感谢讲道馆提供有关柔道运动的大量信息，以及日本空手道协会允许我们进入道场，拜访教练。尤其感谢井村武（Imura Takenori）、大阪善治（Yoshiharu Osaka）、半崎康夫（Yasuo Hanzaki）和日本空手道协会的

圭介根本（Keisuke Nemoto）所花费的时间和精力。最后，感谢冈崎翔子（Shoko Okazaki）和其在大阪的叔叔的热情好客。

泰国

感谢位于挽披县（Bang Phli）的菲尔泰斯（Fairtex）拳馆的工作人员。他们不厌其烦地确保我们拥有项目所需的一切，包括带我们前往伦披尼（Lumpinee）体育场和拍摄选手。特别感谢雅桑克莱（Yodsanklai），他是世界上最好的泰拳选手之一，感谢他与我们一起训练，并拍摄了书中的许多照片。感谢菲尔泰斯拳馆的所有优秀教练，包括米尔·吉他旺（Mitr Jitnawon）、萨宁·凯特撒马克（Thanin Kitsamak）、柴莫空·凯特萨马克（Chaimongkon Kitsamak）、萨兰·英卓（Saran Intra）、萨旺·索姆宛（Sa-wang Somwan）、兰博（Rambo）和高特（Gott）。感谢 K-1选手米卡尔·格洛戈夫斯基（Michal Glogowski）和他的妻子阿内塔（Aneta）参加训练，以及圣地亚哥队的卡丽莎·泽苔（Carissa Zettel）、玛丽亚·鲁伊斯（Maria Ruiz）和玛格达·费尔南德斯（Magda Fernandez）。感谢伦佐·格雷西（Renzo Gracie）泰拳团队，包括乔·桑普里（Joe Sampieri）、杰米·克劳德（Jamie Crowder）和弗洛琳里娜·佩特库（Florina Petcu），他们帮助我准备了菲尔泰斯拳馆之旅。最后，感谢布兰登·韦弗（Brendan Weafer）对技术训练的特别帮助。

荷兰

非常感谢雷姆科·范·莫尔（Remko Van Moll）。如果没有他帮助我们在阿姆斯特丹进行规划和联系有关人士，行程绝不会那么顺利。特别感谢目白（Mejiro）健身房的所有优秀人士。特别感谢世界冠军安德烈·曼纳特（Andre Mannaart），教练保罗·拉莫特（Paul Lamoth），选手里蒙·威伯伦（Reamon Welboren）、赛姆·伯拉恩（Sem Braan）、阿斯卡·甘巴利（Asqar Ghanbari）和马尔科·皮克（Marco Pique）对训练和运动选择的帮助。感谢 REAT 的瑞阳·宾佐班（Rayen Bindraban）进行的教学性训练，感谢运动员罗伯特·范·宁韦根（Robert Van Nimwegen）拍摄照片。

格利森健身馆，布鲁克林，纽约

感谢布鲁斯·西尔弗格拉德（Bruce Silvergrade）允许我们进入并拍摄美国顶级拳击健身馆。特别感谢选手和朋友贾马尔·帕特森（Jamal

Patterson）和布伦特·巴特利（Brent Bartley）为我们拍摄并提供训练意见。感谢教练（Don Saxby）分享拳击训练经验和解释本书所述的几种辅助练习的方法。

俄罗斯

对武者格雷格·古特曼（Greg Gutman）表示最大的谢意。没有格雷格，我们的俄罗斯之行将不可能实现。

莫斯科

感谢欧洲和俄罗斯桑搏联合会主席谢尔盖·埃莱塞夫（Sergey Eleseev）以及接待我们的特维尔斯科伊地区副省长弗拉基米尔·卡廷（Vladimir Katarin）。感谢国际携手搏击联合会提供的训练和信息，感谢总裁谢尔盖·阿斯塔霍夫（Sergey Astahov）和副总裁瓦列里·哈里托诺夫（Valeriy Haritonov）。特别感谢莫斯科的出色向导尤里（Yuri）和安娜·巴本科（Anna Babenko）。

雅罗斯拉夫尔

首先，我要感谢雅罗斯拉夫尔桑搏联合会主席谢尔盖·弗奥克蒂斯托夫（Sergey Feoktistov）的热情好客。谢尔盖和雅罗斯拉夫尔柔道联合会主席米兰古拉·古加瓦（Mirangula Gugava）都是最好的东道主。感谢雅罗斯拉夫尔副市长弗拉基米尔·斯莱普佐夫（Vladimir Sleptsov）与我们共度时光。非常感谢俄罗斯风格健身房的米哈伊尔·普拉托诺夫（Mikhail Platonov）、安德烈·马约罗夫（Andrey May orov）和亚历山大·库拉波夫（Alexander Kurapov）。他们令人难以置信的技术改变了我对力量的看法。最后，感谢 Ring Premiere 酒店为我们的团队提供了良好的住宿环境。

圣彼得堡

感谢总统俱乐部，该俱乐部的设施完美无瑕，提供的课程多于我的预料。

感谢弗拉基米尔·亚历山德罗夫（Vladimir Alexandrov）和欧洲柔道冠军鲁斯兰·加西莫夫（Ruslan Gasimov）提供练习，并拍摄照片。感谢俄罗斯大师柔道联合会主席尤里·特鲁凡诺夫（Yuri Trufanov）为我们组建团队，特别感谢柔道选手马克西奥·多罗夫（Maxim Dorof）使我们的旅程颇具启发意义。诚挚感谢 Kamerdiner 酒店的工作人员提供家庭般的优质服务。

国际训练中心，长岛，纽约

感谢吉米（Jimmy）和安东尼·维纳蒂（Anthony Vennitti）多年来的帮助。没有这些帮助，本书就没有"桑搏"这一章。特别感谢古特曼（Gutman）、格雷格（Greg）和维克特·塔达金（Victor Tatarkin）帮助进行壶铃练习照片的拍摄。

国际松涛馆空手道联盟，阿斯托里亚，纽约

特别感谢梁凯石函（Shihan Kai Leung），他的意见对"空手道"一章至关重要。感谢他进一步拓展了我对格斗技术和身体准备的理解。感谢前世界空手道冠军吉恩·邓恩（Gene Dunn）的练习建议和拍摄的许多照片。

纽约运动俱乐部

感谢松村贤（Sensei Matsumura）多年的教学，感谢纽约运动俱乐部提供的课程和格斗训练。本书的大部分内容源于我在这一俱乐部中建立的人脉。

帕里西速度学校，费尔劳恩，新泽西

感谢我的指导教练兼最好的朋友比尔·帕里西（Bill Parisi），感谢他的指导和建议。如果没有他的付出，我永远都不会拥有训练武者或发展技能的舞台。

感谢柔道选手巴里·弗里德伯格（Barry Friedberg）提供的训练经验，我才能撰写出本书"灵活性"一章的大部分内容。感谢格伦·托比亚斯，他所有的付出和知识都有助于本书营养部分的内容。感谢编辑斯蒂芬妮·迈耶斯（Stephanie Meyers）在本书编辑期间的持续支持。作者需要别人的信任，斯蒂芬妮总能在时间紧迫时做出正确的决定。

也许每个喜欢此书的人也应该感谢非凡的摄影师卢卡斯·诺南。他花了几个月的时间离家完成此项目，在此过程中拍摄了近 10000 张照片。他在所需的时间内进行拍摄，我相信他的照片不仅仅是训练照，在很多情况下更是艺术品。最感谢卢卡斯·诺南提醒我"这可是最美好的生活"。

对我的家庭给予我的关爱和支持表示最大的感谢。我可以想象妻子阿曼达在我不在身边时所承担的事情（家里有 3 个小孩）。感谢她能理解我必须获得这些信息，从而耐心支持我为完成此项目而熬夜写作和训练。感谢我的 3 位小公主武者：索菲亚、克里斯蒂娜和凯拉。我答应她们在完成此书之后与她们共度一段她们期待中的长假。感谢父母对我的信任，他们

提醒我：如果有人打算做这个项目，那就是我。

最后，感谢所有帮助我编写此书和认识自我的武者。他们是里卡多·阿尔梅达、伦佐·格雷西、约翰·德伦特（John Derent）、吉姆·米勒（Jim Miller）、丹·米勒（Dan Miller）、艾伦·特奥、克里斯·利古里（Chris Ligouri）、维托尔·里贝罗（Vitor Riberio）、詹尼·格里波（Gianni Grippo）、马克·李陵（Mark Leeling）、罗恩·海卡斯帕克（Ron Hackaspker）、里奇·赛迪夫（Rich Sadiv）、拉斐尔·纳塔尔（Rapael Nadal）、丹尼尔·格雷西（Daniel Gracie）、彼得·劳森（Peter Lawson）、尼曼·格雷西（Nieman Gracie）、迈克·康斯坦丁诺（Mike Constantino）、乔·卡马乔（Joe Camacho）、安迪·梅恩（Andy Main）、里奇·门多萨（Richie Mendoza）、尼尔·沃尔夫森（Neil Wolfson）、托德·海斯（Todd Hays）、泰莫克·约翰斯顿、乔·肯（Joe Kenn）、戴夫·马韦尔（Dave Maver）、里奇·迈尔斯（Rich Myers）、亚当·辛格（Adam Singer）、法比奥·莱奥波尔多（Fabio Leopoldo）、三崎卡佐、马特·克赖格（Matt Kreiger）、斯坦·斯科菲尔德（Stan Skolfield）、埃里克·皮斯帕（Erik Piispa）、詹姆士·杰基武兹（James Jankiewicz）、塞尔塔·舒茨（Celita Schutz）、卢卡·阿塔拉（Luca Atalla）、马特·西姆斯（Matt Simms）、古斯塔沃·阿拉冈、罗伯·吉尔伯特博士（Dr. Rob Gilbert）、拉菲·奥利维拉（Raffy Oliveira）、汤姆·德布拉斯（Tom DeBlass）、阿齐兹·本德里斯（Aziz Bendriss）、亚瑟·卡纳里奥博士（Dr. Arthur Canario）和哈里森·伯恩斯坦（Harrison Bernstein）。

照片来源

除以下照片外，所有照片均由卢卡斯·诺南拍摄。

译者简介

韩克

    MFT 心武格斗健身体系创始人，理念时代超级新思内容共创大会发起人、如一品牌管理咨询创始人，3F 健身管理培训联合创始人，耐克（中国）签约高级教练、导师。5 岁开始练习体操，为国家级运动健将，曾获全国体操冠军；2002 年成为国内首批健身私人教练，并获多项专业认证；2004 年进入健身俱乐部管理领域，曾为中体倍力最年轻的俱乐部总经理；2007 年加入上海一兆韦德担任私人教练（技术）总监，负责旗下 50 多家店面的私人教练管理、销售及培训工作，在行业首创了"私教节"以及格斗健身课程"Real Boxing"；2010 年独自创业，创建了 MFT 心武格斗健身体系，为全国上千家健身俱乐部提供专业的特色课程产品化及咨询管理服务；2012 年与健身行业资深前辈张林老师以及业内顶级专家樊澄老师联合创办了 3F 健身管理培训，在过去 9 年间为近万名健身俱乐部的投资人和管理者提供管理培训及咨询服务；作为耐克（中国）签约高级教练、导师，曾指导过多名艺人的私人训练；在每年耐克超级健身盛典中担任私人教练课程管理的导师。